"Tengo buenas noticias para el lector: ¡Tommy Newberry ha escrito un libro increíble! Y tiene toda la razón: Lo que piensas de ti mismo determina quién eres; por consiguiente, piensa de manera estratégica. *El Éxito No Es Casualidad* nos ayuda a entender por qué el éxito puede ser alcanzado por cualquier persona, en cualquier situación, bajo cualquier circunstancia, ¡pero nunca por casualidad! Deberías leer este libro si estás fijando grandes metas para mejorar tu vida y planificando intencionalmente la senda para que esas grandes metas se vuelvan realidad. ¡Hagamos un impacto en nuestro mundo!"

Dan T. Cathy, presidente y director de operaciones, Chick-fil-A, Inc.

"Tommy Newberry nos proporciona un enfoque poderoso para lograr el éxito personal en todos los escenarios de la vida. La filosofía y los métodos descritos en *El Éxito No Es Casualidad* se concentran en las maneras directas con las que las personas pueden lograr el potencial que Dios les ha dado. Tommy representa lo mejor de lo mejor en la atestada especialidad de los entrenadores de vida y he sido beneficiado tremendamente por su trabajo."

J. Rex Fuqua, presidente y director ejecutivo, Fuqua Capital Corporation

"Este libro provee una lectura rápida y fascinante; está repleto de ideas que cualquiera podría implementar para gozar de una vida mejor."

Brian Tracy, autor de *The Way to Wealth* [El Camino a la Riqueza]

"Si estás cansado de responder a la vida y estás listo para comenzar a crearla, te aliento a que leas este libro. El éxito no ocurre por casualidad. Ocurre al tomar la decisión de ser el conductor de tu autobús y trazar tu rumbo al destino llamado Éxito. Afortunadamente, Tommy Newberry nos proporciona un mapa que nos llevará hacia donde queremos ir."

Jon Gordon, autor de *The Energy Bus: 10 Rules to Fuel Your Life, Work, and Team with Positive Energy* [El Autobús de la Energía: 10 Normas para Incentivar tu Vida, Trabajo y Colaborar con Energía Positiva]

"*El Éxito No Es Casualidad* rebosa de sabiduría práctica que cambia la vida. Me gustan mucho las historias, las listas breves de medidas de acción y los poderosos principios que traducen el propósito en una realidad práctica. Lee este libro y tendrás estrategias claras como el agua y herramientas para liberar el potencial que Dios te ha dado."

Dr. Tim Irwin, psicólogo corporativo y autor de *Run with the Bulls without Getting Trampled* [Corre con los Toros sin Ser Pisoteado]

"El éxito auténtico sólo ocurre a través de la concentración y la intencionalidad. He aprendido esta verdad de Tommy Newberry. Todos tenemos la responsabilidad de movernos más allá de nuestra zona de comodidad y de llevar al máximo nuestra influencia positiva en el hogar, el trabajo y en la comunidad. Este libro es fácil de leer y te muestra claramente cómo ir desde donde estás hoy a donde Dios quiere que estés. Me he beneficiado directamente al trabajar con Tommy y tú también lo harás cuando leas y apliques las lecciones de *El Éxito No Es Casualidad.*"

Dr. Vic Pentz, pastor principal, Iglesia Presbiteriana Peachtree, Atlanta, Georgia

El Éxito No Es Casualidad

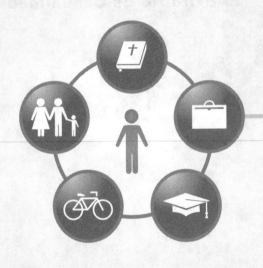

EL ÉXITO
NO ES
CASUALIDAD

TOMMY NEWBERRY

 Tyndale House Publishers, Inc., Carol Stream, Illinois

Visite la apasionante página de Tyndale Español en Internet: www.tyndaleespanol.com

TYNDALE y la pluma del logotipo son marcas registradas de Tyndale House Publishers, Inc.

El Éxito No Es Casualidad

© 2008 por Tommy Newberry. Todos los derechos reservados.

Fotografía del autor © por Ted Domohowski. Todos los derechos reservados.

Diseño: Jennifer Ghionzoli

Traducción al español: Julio Vidal

Edición del español: Mafalda E. Novella

Publicado en inglés en 2007 como *Success Is Not an Accident* por Tyndale House Publishers, Inc. ISBN-10: 1-4143-1311-X; ISBN-13: 978-1-4143-1311-5.

Library of Congress Cataloging-in-Publication Data
Newberry, Tommy.
  [Success is not an accident. Spanish]
  El éxito no es casualidad / Tommy Newberry.
    p. cm.
  Includes bibliographical references and index.
  ISBN-13: 978-1-4143-1980-3 (sc : alk. paper)
  ISBN-10: 1-4143-1980-0 (sc : alk. paper)   1. Success.   2. Success—Religious aspects—
Christianity.   I. Title.
  BF637.S8N43518 2008
  158.1—dc22   2007053061

Impreso en los Estados Unidos de América

14 13 12 11 10 09 08

7   6   5   4   3   2

Este libro está dedicado afectuosamente a

mamá, papá y
a mis hermanas Cindy, Suzanne, Jenny y Beth

CONTENIDO

Reconocimientos . . . . *xi*

Introducción . . . .*xiii*

LECCIÓN 1:   Elige el éxito.   1

LECCIÓN 2:   Decide quién quieres llegar a ser 31

LECCIÓN 3:   Decide escribir metas convincentes 55

LECCIÓN 4:   Decide invertir tu tiempo sabiamente 97

LECCIÓN 5:   Decide no ser un obstáculo para ti mismo. . .137

LECCIÓN 6:   Elige la visualización positiva 177

LECCIÓN 7:   Elige un estilo de vida de energía máxima. . .199

Epílogo: ¡El mañana se cambia hoy! 233

Apéndice: Generadores de ideas 239

Notas. 245

Acerca del autor 247

RECONOCIMIENTOS

Escribir un libro es un proyecto monumental. Aunque el nombre del autor aparece en la tapa, se necesita de un equipo de gente dedicada trabajando entre bastidores para que este esfuerzo logre alcanzar el éxito. Como he aprendido a lo largo de los años, pocos logros significativos se pueden llevar a cabo aisladamente, y este libro no es uno de esos. Aunque sería virtualmente imposible hacer una lista de toda la gente que ha tenido influencia sobre mí y que ha contribuido a *El Éxito No Es Casualidad,* quiero reconocer especialmente a aquellos que me ayudaron para que la realización de este libro fuese posible.

Primero, debo agradecer a los miembros de El Club del 1% por sus muchas sugerencias, comentarios y perspectiva en los últimos quince años. Puedo tener el título de entrenador, pero en realidad todavía soy un estudiante en gran medida.

Le doy gracias a Dick Parker, quien me ayudó a desarrollar la versión original de este libro. Un agradecimiento especial a mi representante, Pamela Harty, quien creyó en mí, en este proyecto y ayudó a que fuese realidad. Gracias a Carol Traver y a Dave Lindstedt de Tyndale, quienes capturaron la visión de este proyecto y proporcionaron pacientemente opiniones productivas y consejo sensato. Le agradezco a mi socio, Steve Cesari, cuya perspectiva y experiencia de vida agregó una dimensión nueva a la versión actualizada de *El Éxito No Es Casualidad.*

Gracias a mis padres, cuyo amor incondicional, estímulo y afirmación

xii   **Tommy Newberry**

me dieron la libertad para trazar mi propio rumbo e ir en pos de mi sueño. Con el correr de los años, mi aprecio ha aumentado por el ejemplo que me han dado y por la sabiduría que han transmitido.

Un agradecimiento infinito a mi esposa, Kristin, quien nunca dejó de recordarme lo mucho que creía en mí mientras trabajaba en el manuscrito original, y más recientemente, cuando completaba la actualización de este libro y al mismo tiempo terminaba mi libro siguiente: *The 4:8 Principle [El Principio 4:8]*.

Principalmente, quiero agradecerle a Dios por la combinación especial de talentos, dones y experiencias de vida al igual que por la inspiración y creatividad que permitieron que este libro llegara a ser realidad.

INTRODUCCIÓN

Si quieres llevar tu negocio, tu matrimonio o tu vida entera de lo bueno a lo mejor, *El Éxito No Es Casualidad* te ayudará a lograrlo, quizás más rápido de lo que soñaste alguna vez. Este libro proporciona la plataforma de lanzamiento que has estado esperando. Ya sea que estés buscando aumentar tu patrimonio neto o reconstruir tu autoestima, estos principios y estrategias te ayudarán a lograrlo. ¿Cómo puedo estar tan seguro de ello?

Las siete lecciones de este libro representan el currículo base que he estado usando en mi actividad como entrenador en El Club del 1% desde 1991. Las siete lecciones juntas constituyen un sistema completo para administrar tu vida de manera más eficaz. En esta versión actualizada y aumentada de *El Éxito No Es Casualidad,* he destilado e incorporado las ideas más valiosas de mis clientes, así como las lecciones que aprendí mientras los entrenaba. Si así lo prefieres, considera estas lecciones como los secretos del 1% de la gente más exitosa. Sin embargo, no son secretos realmente. Sólo parecen ser secretos debido a que muy poca gente presta atención a estos principios o comienzan a practicarlos seriamente. Aunque los principios son muy simples, ¡los resultados que puedes alcanzar son extraordinarios!

El libro que tienes en tus manos contiene las mejores ideas para llevarte desde donde estás ahora hacia donde realmente quieras estar en la vida. Así como los atletas profesionales y olímpicos tienen entrenadores, yo quiero ser tu entrenador para el éxito, tu entrenador para toda la vida. Mi pasión es ayudar a convertirte en un ser humano de primer orden, alguien que haga todo lo posible en cada área de la vida.

El Éxito No Es Casualidad no es un libro que trata sobre vivir de la manera que vive la mayoría de la gente. No necesitas un libro para hacer eso; ocurre automáticamente. Si vives tu vida como la mayoría de la gente, obtendrás lo que la mayoría de la gente obtiene y acepta. Aquí está una muestra de la experiencia de la gente:

- Actualmente, en los Estados Unidos, 49 por ciento de los matrimonios terminan en divorcio, y el índice de divorcio está incrementado rápidamente en Latinoamérica.

- Más de 80 por ciento de la gente que hoy trabaja preferiría tener otra ocupación.

- Más de 50 por ciento de los habitantes de las Américas tienen exceso de peso.

- La tendencia hacia un estilo de vida poco saludable resulta en la incidencia aumentada de cáncer y las enfermedades cardiacas.

- Más de 60 por ciento de los estadounidenses, que viven en la civilización más rica y abundante de la historia, se jubilará con poco o ningún ahorro y llegará a depender de las asignaciones de supervivencia.

Nadie planea llegar a ser mediocre. Más bien, la mediocridad es el resultado de no tener ningún plan. Permíteme darte una fórmula simple pero cierta: *Si quieres llevar una vida extraordinaria, averigua lo que hace la gente común —y no lo hagas.*

Cuando por primera vez escribí y publiqué por mi cuenta *El Éxito No Es Casualidad,* en 1999, tenía la certeza de que los principios que estaba enseñando serían útiles y sumamente provechosos para cualquier lector que se comprometiera a ponerlos en práctica habitualmente. Al momento de escribir, había estado entrenando a hombres de negocios exitosos y a sus familias por más de seis años. Cuando no estaba entrenando, me obsesionaba investigar las biografías de hombres y mujeres que habían puesto en acción estos principios imperecederos en sus propias vidas. Consumía todo lo que pudiese leer o escuchar que pudiera ayudarme a comprender por qué alguna gente es inusualmente feliz y exitosa. En el aspecto personal, había estado casado por tres años y había sido papá por sólo dos.

Desde su lanzamiento inicial, se han vendido más de 100.000 ejemplares de *El Éxito No Es Casualidad,* principalmente a través del tradicional método de boca a boca, y ahora ha sido traducido a cuatro idiomas. En su mayor parte, esto ha ocurrido silenciosa y gradualmente, y ha pasado virtualmente desapercibido en el mundo de los libros de autoayuda. Este "secreto mejor guardado," como muchos de mis clientes se refieren a él, se ha deslizado por debajo del alcance del radar y ha influenciado positivamente a miles de vidas con su enfoque simple, directo y práctico para llevar al máximo todo el potencial que uno tiene. Ahora, diez años después, estoy en mi decimosexto año de lo que se refiere comúnmente como entrenador personal, y estoy disfrutando cada minuto de ello. Acabo de celebrar trece años de matrimonio con mi esposa, Kristin, y juntos estamos criando tres muchachos de once, nueve años y un niñito de dieciocho meses. Los desafíos de la vida son más divertidos que nunca. Por cierto, me siento muy bendecido.

He invertido toda mi vida de adulto en estudiar y enseñar las causas del rendimiento máximo. Sin embargo, desde que escribí este libro, he aprendido mucho más de lo que he enseñado. Al trabajar con empresarios, directores ejecutivos y líderes de negocios en más de treinta industrias diferentes, así como al entrenar a cientos de parejas felices de varias procedencias socio-culturales, he aprendido lo que se necesita para recuperar un negocio, un matrimonio o una vida. He aprendido lo que se necesita para deshacerse del desorden mental, emocional y físico que entorpece a la mayoría de la gente y le roba la satisfacción de la vida que anhelan. He aprendido lo que se necesita para experimentar la satisfacción que proviene de vivir sincronizado con el propósito que Dios le ha dado a cada uno. He aprendido lo que se necesita para duplicar, triplicar e incluso cuadruplicar tu ingreso en tan sólo dos o tres años. Mejor aún, he aprendido lo que se necesita para trabajar menos y todavía ganar más. Lo que es más importante, he aprendido que el éxito indudablemente *no* es casualidad. Con otros diez años más de experiencia en mi haber, estoy más convencido que nunca de que el éxito es absolutamente predecible. ¡El éxito ocurre por una razón!

Cuando incorpores los principios de cada lección de *El Éxito No Es Casualidad* en tu vida diaria, comenzarás a experimentar los mismos resultados explosivos que mis clientes han experimentado repetidamente. He visto que esto ha sucedido una y otra vez, sin embargo todavía me asombro de vez en cuando. He visto que los conceptos que estás a punto de aprender funcionan tanto para los ejecutivos de ventas como para las madres amas de casa. He visto funcionar los principios en golf, béisbol, artes marciales y esfuerzos atléticos. Los he visto funcionar en alumnos de secundaria, en quienes apenas terminaron la universidad y en aquellos que ganan sueldos de seis o siete cifras. He visto funcionar el sistema en clientes, ya sean hombres o mujeres. Lo he visto funcionar en clientes solteros así como en clientes que están casados y tienen hijos. Te puedo asegurar que este sistema de administración de la vida funcionará para ti en la medida en que apliques sus principios consecuentemente en tu vida cotidiana.

En esencia, este libro contiene una fórmula que ha demostrado generar resultados positivos y previsibles. Te animo a que mezcles mi fórmula con tu personalidad para crear tu propio y único sistema de éxito personal. Quiero que pongas tu propio punto de vista en los conceptos de este libro, siempre y cuando cumplas con los principios estrictamente. Es decir, concéntrate en el espíritu de la ley en lugar de centrarte en la letra. Aunque tu aspiración sea comenzar tu propio negocio, obtener las mejores notas en la escuela, mudarte a la casa de tus sueños, adelgazar, correr un maratón, llegar a ser maestro, generar millones de dólares en ventas, poner en práctica tu fe o darles un mejor ejemplo a tus hijos, los principios son los mismos. Y estos principios de vida productiva no son negociables. Los principios universales funcionan en nuestras vidas sin importar que nos gusten, los entendamos e incluso los conozcamos. Puedes estar seguro de que los principios que enseño en cada lección están basados en los cimientos firmes de la verdad. No son teorías sin comprobar o mi opinión particular. Más bien, están basados en la experiencia personal y la observación exhaustiva. Los conceptos que conforman la base de este sistema son pasos demostrados hacia el gozo y el éxito en el juego de la vida.

He observado que cuando las personas se desvían de estos principios imperecederos, les sigue de cerca algún tipo de adversidad. Puedes discernir esto tú mismo con niños y adultos por igual. Principios inquebrantables gobiernan cada área de nuestras vidas. Cuando intentamos hacer una excepción, extenderlos o tergiversarlos de algún otro modo, nos exponemos, tarde o temprano, al dolor y al remordimiento inevitables. Las personas más exitosas que hayan vivido jamás han resistido la natural tendencia humana de inventar sus propias leyes de vida. Asimismo, si quieres desarrollar todo tu potencial, debes evitar la mentalidad del "principio del día" que está muy de moda en nuestra sociedad. La Biblia da una promesa clara a aquellos que recuerdan los principios universales de Dios: "Dichosos los que van por caminos perfectos, los que andan conforme a la ley del Señor" (Salmos 119:1).

La buena nueva con respecto a los principios universales es que siempre podrás contar con ellos. No importa cuántas veces los abandones o los difames, aún volverán a darte la bienvenida con los brazos abiertos, como el padre del hijo pródigo. Naturalmente, aún experimentarás las repercusiones de haberte desviado del camino, pero el rumbo correcto estará sólo a uno o dos principios de ti.

Los principios en los que se apoya cada lección de este libro se pueden comparar a los principios básicos del béisbol: hacer que avance el corredor, alcanzar al interceptor, lanzar strikes. El equipo de béisbol que se adhiera más regularmente a los principios ganará más regularmente. Realmente no es un misterio. Incluso un equipo talentoso de superestrellas dejará de ganar cuando dejen de cumplir los principios correctos. Al reconcentrarse en los principios básicos, los individuos (al igual que los equipos) pueden salir de las malas rachas.

Considera las lecciones de este libro como tu cuaderno de jugadas para una vida exitosa. Ellas describen lo básico para vivir una vida excepcional. Ponerlas en práctica de modo consistente es el prerrequisito para diseñar una vida digna de ser vivida. Este libro de jugadas también incluye una variedad de ejercicios que agudizarán tu comprensión y aplicación.

Permíteme ser tu entrenador personal de vida por el resto de *El Éxito No Es Casualidad*. Como les digo a mis clientes: mi trabajo es ayudarte a sacar el mayor provecho de ti mismo; mi meta es ayudarte a alcanzar las tuyas. Durante el transcurso de cada lección de este libro, te desafiaré a ser lo mejor que puedas ser. He tratado de escribir con un tono subyacente de ánimo y responsabilidad. A veces, como cualquier otro entrenador, podría parecer muy franco o incluso severo. No lo tomes como algo personal. No quiero simplemente sacarte del atolladero. No quiero ver que te prives y que prives a tu familia de los frutos de tu potencial pleno.

A lo largo de este libro, te proporcionaré información, perspectivas, estrategias y capacidades nuevas. Desmenuzaré lo complejo en algo simple. Cada lección incluye métodos prácticos y aprovechables para mejorar tu rendimiento. A veces, sin embargo, no te enseñaré nada nuevo; simplemente te recordaré lo que necesitas hacer exactamente cuando necesites hacerlo.

Espero que pongas en práctica todo el sistema presentado en este libro. Si lo haces, tu vida cambiará para siempre. Cada lección es un componente de todo el sistema. Aunque obtendrás ganancias significativas al aplicar sólo una o dos lecciones, te asombrarás y asombrarás a los demás si pones en acción todo el sistema. Cuando incorpores completamente el sistema a cada área de tu vida, experimentarás un aumento de confianza, aptitud y optimismo en el futuro sin precedentes. Sin embargo, la responsabilidad de ponerlo en práctica es toda tuya. No puedo hacerlo por ti y no puedes contratar a nadie más para que lo haga por ti. Está completamente en tus manos.

Finalmente, al escribir este libro, espero cumplir mi misión personal, que es influir positivamente la vida de la gente al enseñar los principios probados e imperecederos de una vida de éxito. No afirmo ser superior de ninguna manera. De hecho, tú probablemente tienes muchos talentos naturales y logros del pasado que son más grandes que los míos. Simplemente tengo un deseo ferviente de compartir con otros la verdad acerca del éxito. Estas verdades existían mucho antes de que viniera a este mundo y sobrevivirán mucho después de que me vaya. Aunque otros podrían llamarte afortunado, si pones en práctica los principios que siguen, no tendrás por qué sorprenderte cuando tengas éxito. El éxito está en tus manos. Las semillas de la grandeza yacen dentro de todos nosotros. Comenzamos a conformarnos con menos sólo cuando dejamos de creer que es posible lograr una vida mejor.

Por favor comparte conmigo tus historias exitosas enviándolas a www.successisnotanaccident.com. ¡Espero ansiosamente escuchar de ti!

ACERCA DEL FORMATO

El formato de este libro está diseñado específicamente para ayudarte a comprender y retener el material. Por ejemplo, muchas de las páginas del lado derecho contienen diagramas, leyendas y dibujos que reafirman los principios que estás aprendiendo. Además, la página de introducción de cada lección incluye un resumen de los beneficios que recibirás al incorporar los principios que siguen, y una página de cierre sugiere tareas que te ayudarán a incorporar las lecciones en tu vida diaria.

Este libro fue hecho con la intención de que no sólo sea leído sino que también sea asimilado. No sólo te dará conocimiento sino también estrategias que se pueden aprovechar inmediatamente para vivir una vida equilibrada y con sentido. A medida que leas, escribe notas en los márgenes, subraya puntos clave y resalta lo que quieras recordar. Vuelve a leer las páginas que sientas que te están hablando directamente a ti. También te animo a enseñar aquello que más quieres aprender —nada acelerará tu progreso más que eso. Ya sea un colega, tu cónyuge, tu hijo, un amigo íntimo o un socio, busca una persona a quien puedas influenciar regularmente con las ideas de *El Éxito No Es Casualidad*. Te recordaré que hagas esto al final de cada lección.

Con el apoyo de Tyndale House Publishers, me emociona presentar esta versión corregida y aumentada de *El Éxito No Es Casualidad*. Este libro está escrito para ti y para aquellos como tú, que ven en Dios y en ellos mismos la solución para sus problemas y el sendero hacia una vida excepcional y con sentido aquí en la tierra.

Las estrategias y las perspectivas de las páginas que siguen pueden contener la diferencia entre una vida ordinaria y una vida extraordinaria.

Empecemos ahora.

Elige el éxito

¡Tu éxito bendice a otros!

En esta lección aprenderás a:

- Clarificar tu concepto de éxito
- Aceptar completa responsabilidad
- Eliminar las excusas
- Transformarte en un realizador y no en un soñador
- Desarrollar una mentalidad de prosperidad

¡El éxito no es casualidad! Sin duda alguna, esta es la lección más importante que debes entender si quieres aprovechar al máximo todo tu potencial y disfrutar por completo la satisfacción y el éxito para los que fuiste creado. El éxito se produce en las vidas de personas específicas por razones específicas. No es algo que te ocurre al azar; es algo que tú haces posible. ¡Esta es una noticia apasionante! Ya sea que quieras fortalecer tu vida familiar, mejorar tu carrera, profundizar tu fe o llevar tu energía física a un nivel completamente nuevo, tú puedes hacerlo. Ralph Waldo Emerson escribió: "Déjalo que aprenda prudencia de un nivel más alto. Déjalo que aprenda que cada cosa en la naturaleza, incluso la paja y las plumas, se atienen a la ley y no a la casualidad, y que todo lo que siembre, cosechará."[1]

No hay magia. Este proceso no es complejo ni sofisticado. Si invirtieras tiempo para descubrir lo que otra gente ha hecho para ser exitosa, personal y profesionalmente, y luego comenzaras a hacer las mismas cosas, tú también lograrías resultados similares a su debido tiempo. ¡Todos tus esfuerzos serían provechosos!

¡Dar en el blanco!

Imagina que estás tratando de arrojar dardos a un blanco en una habitación a oscuras. Incluso en la oscuridad, tarde o temprano le darías al blanco, y si continuaras haciéndolo por un tiempo, probablemente acertarías en el centro del blanco. Pero si encendieras las luces, consiguieras una gran cantidad de dardos, procuraras que alguien te enseñara e invirtieras mucho tiempo practicando, reducirías significativamente el tiempo que te tomaría dar en el blanco. Finalmente, cuando dieras en el centro del blanco, mucha gente diría que tuviste suerte. Pero tú no tuviste suerte. Tan sólo estuviste dispuesto a hacer más cosas a fin de asegurarte de dar en el blanco.

Este libro fue pensado para ayudarte a identificar los factores que puedes controlar y que aumentarán las posibilidades de que des en el blanco en tu propia travesía por la vida.

¿Cuál es tu sueño?

Cuando estabas creciendo, ¿soñaste alguna vez con ser un atleta profesional? Yo quería ser jugador de béisbol. Puedo recordar con facilidad cuando jugaba con mis amigos en el patio de atrás reviviendo situaciones de la Serie Mundial hasta que era tan oscuro que no podíamos ver la pelota. Pero, ¿qué es lo que separa a los niños que sueñan con jugar la Serie Mundial de aquellos que verdaderamente crecen para ganar el título? Seguro que esto tiene que ver con el talento, la habilidad y un poco con el momento oportuno, pero también creo que tiene mucho que ver con el empeño y la ética de trabajo.

Si lo hubieras visto jugar en la liga infantil, nunca hubieses imaginado que Orel Hershiser llegaría a ser un día uno de los grandes lanzadores de la historia del béisbol. Pero cuando tenía ocho años, mientras visitaba el Yankee Stadium de Nueva York, Hershiser fijó su meta. Decía: "Fue mientras caminaba por el histórico estadio en una noche fresca y ventosa cuando decidí que quería ser jugador de la liga mayor de béisbol."[2] Es un sueño que muchos niñitos han tenido, pero fue una meta que Hershiser se proponía alcanzar en serio.

PRIMER STRIKE, SEGUNDO STRIKE

Cuando cursaba el primer año de la escuela secundaria, Hershiser comenzó a desarrollar un plan para alcanzar su meta. Primero, quiso llegar a formar parte del equipo de béisbol de la escuela. Pero no pudo alcanzar su meta en dos oportunidades y apenas en el tercer año pudo obtener un puesto en el equipo de la escuela.

Al llenar solicitudes de ingreso para las universidades, Hershiser puso la mira en jugar para la universidad Bowling Green State. Pero una vez más, las cosas no salieron como las había planeado. Cuando llegó el momento de presentarse para ingresar al equipo, Hershiser no reunió las condiciones académicas. Dejó la universidad con sus aspiraciones de estudiar en su punto más bajo. Cuando volvía a casa en autobús, Hershiser tomó una decisión crucial: "El niño que viajaba en autobús a Michigan no era el hombre que yo quería ser."[3] No sería uno de los que abandonan.

Hershiser volvió a Bowling Green para la sesión de verano y jugó para un equipo de béisbol no profesional. En su tercer año fue finalmente aceptado en el equipo más competitivo de la universidad y se convirtió en abridor. Ahora esperaba que los cazatalentos que estuvieran en las tribunas notaran su presencia.

EL LLAMADO

Alguien se percató de Hershiser. En 1979, el equipo de Los Angeles Dodgers lo seleccionó en la ronda diecisiete del draft de aficionados. Pero, como jugador de Clase A, sus posibilidades de acceder a la liga mayor eran escasas. Sólo 4 por ciento de quienes son reclutados logran alguna vez salir de las ligas menores. Hershiser pasó cuatro años y medio jugando en la liga menor antes de recibir la llamada por la que había estado trabajando desde que tenía ocho años. En 1983 fue llamado para participar en la liga mayor.

NUEVAS METAS

Como jugador de la liga mayor, Hershiser continuó trabajando duro para mejorar su técnica, y después de cinco años en la liga mayor, se fijó una nueva meta. Quería ser el lanzador más joven e inteligente de la liga mayor jamás visto.[4]

Su nueva meta se hizo realidad en 1988. Después de recuperarse de una operación de rodilla y de una operación de apendicitis, Hershiser pasó a tener una temporada única en su vida. Batió el récord "irrompible" de Don Drysdale al lanzar cincuenta y nueve entradas consecutivas sin puntos. Fue nombrado mejor jugador del Campeonato de la Liga Nacional y de la Serie Mundial; además recibió el Guante de Oro y el premio Cy Young.

DESPUÉS DEL PARTIDO

Durante la emocionante temporada de 1988, Robert Fraley, amigo y representante deportivo de Hershiser, le dijo: "Estás a punto de ganar mucho dinero. Pero ese no es el éxito verdadero. El éxito se medirá al final de tu carrera, no en su punto más alto. Cuando termines tu carrera, si amas a Dios, si aún estás enamorado de tu esposa, si tus hijos saben quién eres y si tu reputación aún está intacta, entonces podrás considerarte exitoso."[5] Hershiser adoptó la definición del éxito de su amigo y la enfatizó en sus entrevistas: "Cuando haya terminado mi carrera en el béisbol, mi meta más exitosa no será llegar al Salón de la Fama, sino ver el éxito de mi familia como resultado de mi influencia en sus vidas."[6]

En junio de 2000, Hershiser se jubiló del béisbol con un récord de 204 victorias como lanzador, diecinueve años de esposo fiel y quince años de padre involucrado en la vida de sus hijos. Él dijo una vez: "Soy la prueba de que le pueden suceder cosas extraordinarias a la gente común, si trabaja duro y nunca se da por vencida."[7] Esa es la realidad del éxito.

¿Sólo tuvo suerte Orel Hershiser? ¡No lo creo! Tenga en cuenta estos otros héroes que tuvieron éxito:

¿Sólo tuvo suerte Tiger Woods?

¿Sólo tuvo suerte Bill Gates?

¿Sólo tuvo suerte Edison Arantes do Nascimento (Pelé)?

¿Sólo tuvo suerte Carrie Underwood?

¿Sólo tuvo suerte J. K. Rowling?

¿Sólo tuvo suerte Rick Warren?

¿Sólo tuvo suerte Lance Armstrong?

¿Sólo tuvieron suerte los inmigrantes que vinieron a Estados Unidos con nada más que empeño en los bolsillos y sin embargo amasaron una fortuna sirviendo a otros?

¿Sólo tienen suerte los campeones de la Copa Mundial cada cuatro años?

¿Sólo tienen suerte los medallistas olímpicos?

El éxito no es una casualidad y no se basa en la suerte. Esa frase es simple y es la verdad. En el momento que la aceptes por completo, tu vida y la de aquellos a quien amas nunca más volverá a ser la misma. El éxito, de cualquier manera que se defina, es absolutamente predecible.

Comprende el éxito

¿Qué significa el éxito para ti? Una de las primeras tareas que doy a los clientes que entreno en el Club del 1% es responder a esta pregunta. Invertir tiempo y esfuerzo para definir el éxito en tus propios términos es uno de los ejercicios espirituales y mentales más útiles que puedas llevar a cabo. Si estás tratando de acelerar tu éxito, sólo tiene sentido definir primero el objetivo, que en muchos casos es impreciso y a menudo mal entendido.

¿Qué significa exactamente el éxito para ti? He observado que la mayoría de la gente tiene mucha dificultad para definirlo. Pero si no tienes una visión clara del éxito, ¿cómo puedes perseguirlo genuinamente o esperar lograrlo y después disfrutarlo? El éxito ha sido definido de muchas maneras en la literatura:

- El éxito es la materialización progresiva de un ideal digno.

- El éxito es el cumplimiento de la voluntad de Dios en tu vida.

- El éxito es aprovechar al máximo lo que tienes.

- El éxito es aquello en lo que te conviertes.

- El éxito es vivir la vida a tu manera.

- El éxito es una jornada.

Estas definiciones varían, pero supongo que hay una medida de verdad en cada una de ellas. Las personas más exitosas del mundo son aquellas que han dedicado tiempo a descifrar exactamente quién quieren llegar a ser y qué quieren lograr. Invierten las horas de sus días en actividades consecuentes con estos ideales.

La gente exitosa es aquella que ha aprendido a aplicar consistentemente las leyes de Dios en su vida. Le atribuye sus logros al enfoque, el trabajo duro, las buenas relaciones, la perseverancia y la bendición de Dios. Quienes fracasan o son mediocres son los que no tienen una dirección obvia. Tienden a ir "con la corriente" o a moverse en la dirección que el viento sople. Sus vidas están dominadas por las circunstancias y les sobran las excusas. Le echan la culpa de sus pobres logros a la mala suerte. La vida, aseguran ellos, les ha repartido una mano mala y decidieron retirarse del juego.

¿ERES EXITOSO?

¿Cómo defines el éxito? ¡Esa es la verdadera pregunta! ¿Lo equiparas con la riqueza? ¿Crees que tienes éxito si tienes muchos amigos, o es tu posición social lo que importa? ¿Piensas que eres exitoso si posees una casa hermosa, un automóvil u otras posesiones importantes? Si estás involucrado en tu iglesia y das el diezmo habitualmente, ¿significa eso el éxito? ¿Piensas que el poder trae el éxito, o que lograr la siguiente meta en tu lista hará que empiece el éxito? Tal vez el éxito sea la jubilación anticipada, o quizás que todos tus hijos se hayan ido a estudiar a la universidad o que estén casados y hayan empezado sus propias familias. ¿Qué significa exactamente el éxito para ti? Antes que te presione aún más, permíteme hacerte una pregunta diferente pero de vital importancia.

¿QUIERE DIOS QUE TENGAS ÉXITO?

Muchas personas de fe se preguntan si está mal ir en pos de la riqueza o de ciertos tipos de éxito secular. Algunos incluso se sienten culpables de querer lo que otros no tienen. ¿Y tú? ¿Piensas que Dios quiere que tengas éxito? Medítalo y responde esta pregunta.

Aquí está mi respuesta en forma de pregunta: ¿Quieres que tus hijos sean mediocres?

¡Por supuesto que no! ¡Tú sí quieres que tus hijos tengan éxito! En particular, quieres que tus hijos tengan una relación personal con Jesús, que se casen con la persona correcta y que luchen por su propósito en la vida con excelencia. Ese es un muy buen comienzo, ¿no es cierto? Truett Cathy, fundador de Chick-fil-A, se refiere a esas tres grandes prioridades de los padres como Señor, Pareja y Misión. Si guías a tus hijos a la verdad espiritual, los preparas para elegir a la persona correcta con quien casarse y los alientas a perseguir y vivir sus sueños, entonces estás usando tu tiempo inteligentemente. En suma, quieres que tus hijos lleguen a ser todo aquello para lo que fueron creados. Y eso es exactamente lo que Dios también quiere para ti.

¿Alientan los padres a que sus hijos se esfuercen en lograr la mediocridad? ¿Esperas que tu hijo o hija crezca y consiga un empleo medio, tolere un matrimonio medio y después críe hijos medios que perpetúen el mismo ciclo en la próxima generación? No creo que Dios haga nada "medio." La luz tenue de una vida media es algo que nos imponemos. A veces, hacemos difíciles aquellas cosas que no deberían serlo. Convertimos lo simple en complejo y no sólo nos confundimos nosotros sino que también confundimos a la gente que nos rodea. No te equivoques: **Tu Padre celestial quiere que tengas éxito.**

Todos tenemos el deseo normal e inherente de alcanzar todo nuestro potencial. A veces este anhelo se apaga transitoriamente por nuestra falta de sabiduría o por una sucesión de malas decisiones, pero permanece allí, esperando ser activado. Considera la manera en que esperamos y oramos para que ocurran cosas buenas en las vidas de quienes amamos. Considera cómo oramos siempre para que nosotros y nuestras circunstancias mejoren y nunca empeoren. Este es nuestro deseo intrínseco de éxito, nuestro deseo de ver avanzar los distintos aspectos de nuestra vida. ¿Has orado alguna vez para que tu vida se desmorone, para que termine una relación preciada o para que se enferme un amigo? ¡Espero que no! Tú, después de todo, fuiste creado para el éxito.

¡HAS SIDO LIBERADO PARA TENER ÉXITO!

¿Por qué tanta gente lucha con la idea del éxito? ¿Será porque casi nunca escuchan a su pastor predicar un sermón sobre el éxito? A menos que el sermón esté basado en Mateo capítulos 5 a 7, comúnmente denominado el Sermón del Monte, en la mayoría de las iglesias raramente escuchamos enseñar sobre el éxito bíblico. Sin embargo, en el Sermón del Monte Jesús destila los principios espirituales que preceden y promueven el éxito verdadero. La práctica de estos principios te libera para aprovechar al máximo tus posibilidades y llegar a ser todo lo que Dios quiere que seas. Después que termines de leer *El Éxito No Es Casualidad*, te animo a que leas nuevamente el Sermón del Monte y pienses en lo importantes y prácticos que son verdaderamente los dichos de Jesús. Desafortunadamente, estos principios de éxito son a menudo mal presentados o tergiversados en nuestro tiempo, llevando a algunos, a la conclusión de que "ese asunto del éxito no parece bíblico." Por ejemplo: ¿Se supone que fijemos metas o que no pensemos en el mañana? ¿Se supone que desarrollemos nuestra confianza o que no confiemos en la carne? ¿Deberíamos esforzarnos por lograr la grandeza o estar satisfechos en cualquier circunstancia? ¿Tenemos que mejorar la autoestima o deberíamos negarnos a nosotros mismos? Estas aparentes contradicciones han impedido que muchos cristianos alcancen el máximo de su potencial. Sin embargo, luego de un análisis profundo, no se puede defender seriamente el concepto de que el éxito esté mal o que incluso sea contrario a la verdad bíblica.

Como mucho de la obra del enemigo, el descrédito y el rechazo del éxito ha sido gradual y sutil. Dale un giro negativo al éxito, retrata al éxito como no bíblico y ahuyenta a los cristianos, y entonces el liderazgo cristiano se disolverá lentamente en una sociedad que tiene una clara necesidad de la dirección divina. Qué estratagema más ingeniosa.

El éxito le ha sido robado a la misma gente que cree en el libro original del éxito: la Biblia. Con el transcurso del tiempo, se ha contaminado y distorsionado tanto el concepto del éxito que el audaz éxito divino parece haberse atrofiado. Su influencia apenas se siente. Muchos creyentes bien intencionados parecen estar alejándose rápidamente del potencial con el que fueron bendecidos al nacer. Por lo tanto, los hombres y mujeres inspirados por Dios están teniendo cada vez menos efecto sobre el país que construyeron. De manera interesante, durante la última década un movimiento y ministerio completo ha intentado cambiar el nombre del éxito verdadero con la palabra *significado*. ¿Es esto realmente necesario? ¿Estamos tan atemorizados por la palabra *éxito*? En mi mente y en la mente de mis clientes, el éxito auténtico necesita significado. **El significado no va después del éxito. Es la suma y la sustancia del éxito.**

Mientras que los cristianos han dado un paso atrás, el mundo ha estado

Cinco criterios que te ayudarán a determinar tu definición personal de éxito

CONTROLABLE

1 Haz que tu definición esté dentro de tu control y que no esté basada en circunstancias externas o en otra gente.

CUANTIFICABLE

2 Haz que tu definición sea calculable de manera que puedas evaluarla y rendirte cuentas a ti mismo.

CONSTANTE

3 Formula tu definición de manera que puedas cumplirla diariamente.

PERSONAL

4 Elige tu propia definición y no tomes una prestada.

BASADA EN PRINCIPIOS

5 Establece tu definición sobre verdades absolutas, no sobre valores subjetivos, oportunos o circunstanciales.

determinando la agenda a través de órganos legislativos, juntas directivas escolares y establecimientos políticamente correctos que controlan las directrices que deben seguir los creyentes y no creyentes por igual.

UN SISTEMA PERFECTO

Afortunadamente, toda la confusión que rodea al éxito no tiene que existir en absoluto. Dios quiere que todos y cada uno de nosotros tenga éxito, siempre y cuando nuestra definición de éxito sea la correcta. **Dios quiere que alcancemos nuestro potencial y hagamos nuestro aporte al mundo de una manera tremenda.** El éxito, en sentido general, es la manera en que Dios comparte la abundancia. Él usa tu éxito para bendecir a otros mientras tú te beneficias. El éxito es un multiplicador, no un divisor, como los medios de comunicación tienden a representarlo a menudo. El éxito auténtico se derrama para beneficiar a muchos más, más allá de la minoría que aceptó el riesgo del fracaso. Cuando se promueve el éxito individual, la sociedad entera se beneficia. Cuando actúas con integridad, tu éxito no perjudicará a los demás en lo más mínimo. Tú y todos los que conoces pueden llegar a tener éxito sin que nadie sufra daños, adversidad o recesión. ¡Sólo Dios podía crear un sistema tan perfecto!

El éxito es completamente voluntario. Tú tienes permiso. Tienes luz verde para triunfar. ¿Qué significa el éxito para un cristiano? Recuerda, la obediencia a las normas y enseñanzas de la Biblia es sólo el requisito mínimo diario. Es el punto de partida, la norma fundacional. **Por otra parte, el éxito verdadero es el servicio máximo a Dios.** Tu Padre celestial desea que seas completamente, y que te conviertas en cada aspecto, en la persona que él creó. Te animo a que trates de alcanzar más que una vida de mera obediencia y "buen vivir." En cambio, lucha por obtener una vida de éxito al servicio de los demás. ¿Estás obteniendo de la vida todo lo que Dios tiene para ti? ¿Puedes tolerar ser bendecido más allá de lo que has soñado alguna vez? La Biblia está llena de aquellos que son "más que vencedores," y ninguno de nosotros debería estar satisfecho con ser mediocre.

Aunque probablemente estés de acuerdo con que el máximo servicio a Dios es una gran definición del éxito, es un concepto complicado por el cual evaluarte a ti mismo. Así que, por propósito expreso de este libro, usaremos la definición práctica y altamente efectiva del éxito verdadero que usamos en El Club del 1%: **El éxito es la búsqueda deliberada y cuantificable de metas escritas, elegidas en oración.**

Dicho de otra manera, eres exitoso una vez que has comenzado seriamente tu expedición para aprovechar al máximo todo tu potencial. Entonces, el éxito no es un objetivo singular, y en consecuencia, nunca puedes llegar a él completamente. **En cambio, el éxito es una actitud intencional ante la vida que garantiza que seas un administrador fiel de tus dones y talentos.** Este enfoque te obliga a crecer y desarrollarte. Te fuerza a abandonar tu zona de comodidad, cincelar tu carácter y perseguir los sueños que Dios ha preparado personalmente para ti. Mejor aún, el éxito es una actitud hacia la vida que está completamente bajo tu control. No depende de las circunstancias externas de tu vida sino de la condición interna de tu alma. De modo que, teniendo en mente la definición citada anteriormente, ¿tienes éxito en este momento?

¿Has orado por tus metas antes de fijarlas?

¿Has puesto tus metas por escrito a fin de evaluarlas en una rendición de cuentas?

¿Has tomado medidas cuantificables hacia tus metas?

Una manera diferente de ver el éxito es como una emoción que todos queremos experimentar regularmente. Podríamos ser exitosos ante los ojos de los demás y aún no sentirnos exitosos por dentro. O podríamos sentirnos exitosos pero que otros no nos perciban de esa manera. ¡La mayoría de nosotros va por la vida tomando prestada la definición de éxito de otra persona en lugar de concebir la propia! A través de la exposición de los medios de comunicación, es fácil comenzar a usar los marcadores culturales de éxito.

¿Estás viviendo el éxito ahora mismo? Si no, dedica algún tiempo a volver a examinar tu concepto del éxito. ¿De dónde proviene tu definición?

¿La definición de quién estás usando? He descubierto que distinguir entre las palabras logro, felicidad y éxito es un ejercicio útil para formular mi propia definición. Considera estas tres preguntas:

¿Puedes ser exitoso sin lograr nada?

¿Puedes ser una persona de logros importantes sin ser exitoso?

¿Puedes ser feliz sin lograr el éxito?

¿Cómo respondiste estas preguntas? Por supuesto, tu respuesta depende de cómo definas el éxito. ¿Es tu definición estimulante, alcanzable y está cimentada en la verdad bíblica? ¿O necesitas que todas las áreas de tu vida sean perfectas antes de que te permitas experimentar la emoción del éxito? Sé consciente de que una tendencia común es fijar un estándar de éxito casi inalcanzable y a la vez crear un estándar de fracaso fácil de alcanzar. Por consiguiente, te podrías sentir habitualmente mucho menos exitoso de lo necesario. Cuando crees una definición de éxito que te permita experimentar la emoción regularmente, también desarrollarás la conciencia del éxito. Y esta conciencia elevada tiende a promover aún más éxito —y un éxito mucho mayor— en el futuro. El éxito genera el éxito. La definición práctica que propuse anteriormente te invita a experimentar el éxito en tu recorrido hacia tu destino final.

Ahora es tu turno. Dedica un momento a desarrollar un primer bosquejo de tu definición personal del éxito al completar la breve frase que sigue a continuación. Probablemente la modificarás varias veces antes de que encuentres la definición óptima. Sí, te aseguro que está bien escribir en este libro.

Experimento el éxito en mi vida cuando yo (o, si yo) . . .

_____

_____

_____

Una vez que tengas una definición fresca y constructiva del éxito, dedica un tiempo a adoptarla y a creer verdaderamente en ella. Tienes que creer en ella para que funcione en tu vida. Recuerda, el éxito es el proceso continuo y proactivo de hacer tuyos los deseos de Dios, llegando a ser hoy un poco más la persona que él diseñó que fueras. Creo que deberías considerarte exitoso en el momento en que hagas algo para lograr una meta, fijada en oración, que has puesto por escrito. Como aprenderás en la lección 3, la suma de Dios más las metas más tú mismo es una combinación insuperable.

"Justo" es una fantasía

Otro paso importante al luchar por obtener el éxito es superar la expectativa de que la vida sea justa. Las condiciones iguales para todos son una fantasía autoindulgente e improductiva. En este mundo, nunca sucederá, ni debería. **Insistir en condiciones iguales para todos afecta tu atención y te distrae del objetivo final.** En cambio, como una persona de desempeño excelente, debes lidiar con la realidad de la situación actual. Necesitas enfocar la atención en alcanzar tus metas en lugar de poner atención a los obstáculos que tengas por delante. Esta opción lleva al logro y al progreso y te aleja de la exasperación y la alienación. Reconoce que todos tienen desventajas, impedimentos, debilidades y varias otras cruces que cargar. Una parte importante de la vida es aprender a transformar tus desventajas en ventajas. Dirigir tu energía a "lograr que las cosas sean justas" es a menudo contraproducente. Canalizar tu energía espiritual, mental y física hacia el logro de metas significativas es una inversión constructiva de tiempo.

Algunas personas son naturalmente más inteligentes que otras. Algunas personas son más creativas que otras. Algunos nacen en la pobreza, otros en riqueza. Algunos reciben mucho amor y nada más, mientras que a otros se les da todo menos amor. Algunas personas tienen mejor apariencia que otras. Algunos corren más rápido, saltan más alto o patean más fuerte que otros. Algunos reciben la mejor educación y aportan poco al mundo, mientras que otros tienen escasa formación académica y sin embargo dejan una marca admirable. Algunos tienen metabolismos rápidos mientras que otros deben hacer el doble de ejercicio para apenas mantener el ritmo. Algunas personas están predispuestas a las migrañas y a la sinusitis mientras que otras no . . . etcétera. Este fenómeno se llama la vida.

La verdad es que la vida, si se la percibe como un juego de naipes, da manos buenas, malas y regulares. Y cualquiera sea la que recibas, ¡debes jugarla! Puedes ganar con cualquier mano y perder con cualquier mano. ¡Es sólo cuestión tuya cómo juegues! La vida está llena de campeones que recibieron manos malas y perdedores que recibieron manos fabulosas. **En la vida, nunca recibirás una mano que, con la ayuda de Dios, no puedas cambiar a una mano ganadora.** El éxito es para ti y para cualquiera que esté dispuesto a tomar la iniciativa y pagar el precio. Si pones en práctica los principios delineados en cada lección de este libro, estarás bien equipado para hacer lo que sea necesario para cambiar tu mano a ganadora. ¡Ve y hazlo!

SIEMBRA, LUEGO COSECHA

El éxito es un resultado planeado, no un accidente. El éxito y la mediocridad son absolutamente previsibles porque siguen la ley natural e inmutable de la siembra y la cosecha. En pocas palabras, si quieres cosechar beneficios mayores, debes sembrar más servicio, contribución y valores. Esa es la fórmula categórica. ¡Algunas de las bendiciones de Dios tienen requisitos previos! El éxito en la vida no está basado en la necesidad sino en la semilla. De manera que tienes que llegar a ser bueno ya sea al plantar en primavera o al regar en otoño.

La Biblia dice: "No se engañen: de Dios nadie se burla. Cada uno cosecha lo que siembra" (Gálatas 6:7). Desafortunadamente, muchas personas han sido engañadas haciéndoles creer que no serán hechas responsables por sus decisiones y que milagrosamente cosecharán algo diferente a lo que plantaron. A esto le llamo la Gran Mentira. Esta distorsión peligrosamente popular promueve la mediocridad y el bajo rendimiento. Considera el esfuerzo y los gastos en que incurren los estadounidenses para curar las enfermedades y los problemas sociales, a la vez que hacen poco, o nada, para evitarlos. Hoy, es popular tratar los síntomas de un problema, pero a menudo se considera insensible o intolerante tratar su origen. Por lo tanto, nuestra sociedad niega que los efectos sí tienen causas.

La verdad es esta: No hay excepciones a la ley de causalidad. Es imparcial e impersonal y nos llega en un orden particular —primero se siembra y después se cosecha. Esta ley natural dada por Dios ya era antigua cuando las pirámides eran nuevas. Al igual que la ley de gravedad, funciona veinticuatro horas

Cuando tratas de conseguir algo por nada, te conviertes en nada.

por día, siete días a la semana, en todo el mundo, sin tener en cuenta si alguien alguna vez te la mencionó o si la consideras justa. Es simplemente imposible cosechar algo que no se ha sembrado, aunque muchos despilfarran sus vidas enteras tratando de hacer exactamente esto, sólo para terminar frustrados.

El éxito es el efecto generado por los pensamientos correctos y las acciones correctas. El éxito y el fracaso no son accidentes sino consecuencias. **Si quieres saber lo que sembraste en el pasado, mira a tu alrededor y ve lo que estás cosechando hoy.** Tú empiezas a ascender hacia tu realización plena como ser humano en el momento en que aceptas la verdad de que la causa y la consecuencia son inseparables.

La marca de un individuo espiritualmente maduro y mentalmente saludable es la aceptación de la responsabilidad completa de su vida. Cuando aceptas la responsabilidad total, reconoces que eres la causa de todas tus elecciones, decisiones y acciones. Cuando estás cimentado en la realidad de la responsabilidad, estás mucho más propenso a actuar en maneras que después no se convertirán en causas de remordimiento, frustración o vergüenza.

TODO CUENTA

La vida nos ofrece a todos una oferta especial indefinidamente. Recibimos por lo menos una consecuencia gratuita con cada decisión. Todo lo que haces, o dejas de hacer, cuenta. Cada acción tiene una consecuencia, aunque no sea inmediata. En este momento, ¡te estás convirtiendo en la persona que Dios quiere que seas o no! No hay neutralidad.

Hace varios años, estaba mirando un partido de béisbol por televisión. El corredor, Deion Sanders, intentó robar la segunda base pero al deslizarse se detuvo a unos sesenta centímetros de la base. Inmediatamente, se puso de pie de un salto y retrocedió hacia la primera base. Segundos después, cuando se hacía inevitable que iba a ser tocado, Sanders juntó sus manos a la manera del signo de tiempo muerto del fútbol americano. "¡Tiempo muerto, tiempo muerto!" gritó en vano, provocando la risa del defensor y del árbitro. Sanders fue tocado. Así es la vida. Ya sea que estés corriendo por las bases o persiguiendo tus metas, no hay tiempo muerto. Cuanto antes aprendas y apliques esta lección, será mucho mejor.

Nadie puede detener el reloj. Si tratas de pedir un descanso, siempre serás tocado. Lo que haces el viernes por la noche cuenta, al igual que lo que haces el domingo por la mañana o el jueves por la tarde. Una vida extraordinaria es simplemente la acumulación de miles de esfuerzos, a menudo inadvertidos por los demás, que conduce al logro de metas valederas. **Tienes muchas opciones y tus decisiones revelan quién eres realmente.** Más que por cualquier otro factor, estás donde estás debido a las decisiones que has tomado. Has decidido qué aprender y qué no aprender. Has decidido con quién pasar tu tiempo. Has decidido creer en algunas cosas y no creer en otras. Has decidido, o tendrás que decidir, con quién salir en pareja, con quién te casarás y si tendrás hijos. Has decidido perseverar o has decidido darte por vencido. Has decidido si beberás, fumarás o usarás drogas. Has decidido qué comerás y qué no. Has decidido escribir metas apasionantes para tu vida o simplemente improvisar. Has decidido sucumbir al temor así como continuar a pesar del temor. Has decidido ser el mejor y otras veces has decidido actuar como los demás.

Considera por un momento todas las decisiones que has tomado en los últimos tres años o incluso en los últimos doce meses. Estas decisiones fueron tomadas cada día, cada hora y minuto a minuto. Imagina haber tomado una decisión diferente en algún área importante. ¿Cuán diferente podría ser tu vida profesional? ¿Cuán diferente podría ser tu matrimonio? ¿Cuán diferente podría ser tu salud y energía? Reflexiona sobre esto profundamente. **¿Cuán diferente podría ser tu vida hoy de haber tomado un puñado de decisiones diferentes?**

¿Cuáles son las posibles consecuencias de cada una de estas acciones?

- saltar al vacío desde un edificio
- hacer ejercicios aeróbicos a diario
- mirar la televisión más de dos horas cada día
- leer una hora cada día
- sentarte al sol sin protector solar
- invertir 10 por ciento de tus ingresos
- usar drogas ilícitas
- seguir una dieta de granos enteros, frutas y vegetales frescos
- comer alimentos fritos
- cruzar corriendo frente a un camión que viene a toda velocidad
- robar un banco
- mentirle a tu mejor amigo

- estudiar mucho en la escuela
- fumar
- poner tus metas por escrito
- beber alcohol en exceso
- beber sólo un poco de alcohol
- no beber alcohol
- estudiar acerca de la crianza de los hijos
- leer libros sobre el matrimonio
- tocar una cocina caliente
- estudiar sobre gente exitosa
- orar
- comprar activos que se están desvalorizando
- gastar más allá de tus posibilidades
- levantarse a las cinco de la mañana
- levantarse a las siete de la mañana

Recuerda, cuando tomas una decisión, también eliges las consecuencias de esa decisión.

Permíteme alentarte a hacer algo distinto ahora: Que hoy sea el punto decisivo. Ya sea en tu carrera o tu vida en el hogar, tu estado físico o tu fe, puedes empezar a tomar decisiones más sabias y tomar medidas diferentes hoy. Antes de lo que te imaginas, te encontrarás en un mejor lugar que el en que estás ahora.

¿Cuál es tu excusa?

Creo que el lema de los Juegos Paralímpicos lo dice todo: "¿Cuál es tu excusa?" A menudo, las preguntas son las mejores maestras, pues nos estimulan a analizar detenidamente un problema. Cuando se nos dice algo, somos propensos a sonreír cortésmente y dejar que nuestros pensamientos se dejen llevar hacia otro tema. Las preguntas pueden ser fascinantes porque nos condicionan a responderlas. Así que pregúntate a ti mismo: "¿Cuál es mi excusa?" ¿Qué imágenes trae esta pregunta a tu mente? Cuando me pregunto: "¿Cuál es mi excusa?" mi mente recorre de prisa los aspectos de mi vida que no son exactamente como quiero que sean. La pregunta me recuerda las excusas que le he dado a otros y aquellas que me he dado silenciosamente a mí mismo. Me hace reír un poco de mí mismo y me recuerda que mientras estaba poniendo excusas, otros tal como yo estaban avanzando.

Recuerdo la primera vez que escuché la excusa clásica "mi perro se comió mi tarea escolar" de la boca de un compañero de tercer grado que ni siquiera tenía un perro. Toda la clase, incluyendo el maestro, se rió a carcajadas. No recuerdo si la excusa fue eficaz, pero sí recuerdo la risa y la expresión avergonzada en el rostro de mi compañero. Al rememorar, me doy cuenta de cuán apropiada fue la risa. Deberíamos reírnos de las excusas, no ennoblecerlas. Las excusas y la responsabilidad no pueden coexistir. Es muy fácil decir "no soy responsable" pero es muy difícil reconocer que "soy responsable." Si hay algo en tu vida que no es como tú quieres que sea, tú y sólo tú eres responsable de cambiarlo. Debes creer que crear soluciones a los desafíos de la vida depende de ti. Ya sean grandes o pequeñas soluciones, tú aún eres responsable. Cada vez que das una excusa, disminuyes tu respeto, tu credibilidad y tu integridad. Cada vez que das una excusa, fortaleces la tendencia a dar más excusas en el futuro y dar excusas se convierte en un hábito. La persona irresponsable cree que encontrar soluciones a los desafíos de la vida es responsabilidad de otro.

Siempre que actúas irresponsablemente y sientes la necesidad de dar excusas, tu cerebro se pone a trabajar a toda marcha, intentando racionalizar tu falta de resultados. A menos que te comprometas a llevar una vida libre de excusas, siempre podrás encontrar excusas.

LA ZONA LIBRE DE EXCUSAS

Comprométete a que tu hogar, tu auto y tu oficina sean zonas libres de excusas. Si surge una situación en la que previamente hubieses dado una excusa, sustituye las palabras: "Soy responsable." Busca la causa de tus problemas sólo en ti mismo. Si no eres feliz con un aspecto de tu vida, acepta que eres responsable por el mismo. O has permitido pasivamente que ocurra o lo has creado activamente. Esta no es una invitación a vapulearte a ti mismo sino una exhortación a ver la verdad de cómo y

> Mi padre me enseñó que la única mano amiga en la que podrás confiar está al final de tu manga.   —*J. C. Watts*

por qué llegaste a donde estás. Sólo cuando reconoces la verdad puedes ser liberado y construir un futuro que es mucho más atractivo que el pasado.

Cuando algo no funcione de la manera en que esperabas, asume la responsabilidad y pregúntate: "¿Qué podría haber hecho para evitar el problema?" Imagina que abres el refrigerador y sacas un jugo de naranja. Siguiendo las instrucciones de la etiqueta, comienzas a agitar el cartón vigorosamente. Entonces, la tapa sale volando y el jugo de naranja se derrama sobre ti, sobre el mostrador, sobre el piso e incluso un poco sobre el cielo raso. En ese momento tienes dos opciones:

1. Puedes culpar inmediatamente al tonto que no enroscó la tapa debidamente y exigirle que te ayude a limpiar o . . .

2. Puedes recordar: "Este revoltijo se podría haber evitado completamente si sólo me hubiese asegurado de que la tapa hubiese estado cerrada

antes de comenzar a agitar el cartón. Por supuesto, hubiese sido bueno si la persona anterior hubiese cerrado bien la tapa, pero yo podría haber evitado esta situación."

Asumir la responsabilidad por tu vida es como ser un buen conductor. Si tu auto se destruye en un accidente, no tendrás mucho consuelo por el hecho de que tenías luz verde. Culpar al otro conductor tampoco ayudará mucho; sólo postergará que pongas tu atención en lo que necesitas aprender. La pregunta que resonará en tu mente es: "¿Qué podría haber hecho para prevenir esto?" Permanece en control de la situación al analizar todas las circunstancias desagradables desde la perspectiva de lo que *tú* puedes hacer para evitar que vuelvan a ocurrir en el futuro.

Las excusas son malos hábitos, contagiosos y contraproducentes. Donde encuentres una persona dando una excusa, también encontrarás a otros contagiados de "excusitis." A ti no te gusta escuchar las excusas de la gente y a ellos no les gusta escuchar las tuyas tampoco. Crea un entorno propicio para el éxito deteniendo las excusas antes de que empiecen. Anticipa y elimina todas las excusas con antelación; de ese modo facilitarás tu propio éxito y el de las personas de las que dependes. Este es el verdadero indicador de cuán intensamente deseas tu meta.

Sólo hay una cosa más perjudicial para tu éxito que dar una excusa: dar la misma excusa dos veces. Recuerda, nunca hay espacio suficiente para los "peros" y la brillantez. Debes tomar la decisión. ¿Quiero mi "Sí, pero," o quiero obtener mi meta?

Sentidores y hacedores

El mundo se puede dividir en dos clases de personas: sentidores y hacedores. Los sentidores entran en acción sólo cuando sienten que tienen que hacerlo. Es decir, se ponen en acción cuando así lo sienten. Si en ese momento algo tiene sentido, es conveniente, está justificado o simplemente es fácil, entonces lo hacen. Si no sienten el deber de hacer algo que llevará adelante sus metas, no lo hacen. Si un sentidor tiene ganas de hacer ejercicios, lo hará. Si no las tiene, no lo hará. Si un sentidor tiene ganas de hacer sus devociones diarias, lo hará. Pero si tiene ganas de dormir, dormirá hasta tarde. Si un sentidor tiene ganas de cultivar su

Eliminando las excusas

Siempre que pienses en una excusa, pregúntate si alguien ha estado alguna vez en circunstancias similares y tuvo éxito a pesar de ellas. Cuando dejes a un lado los gemidos y la justificación, encontrarás que la respuesta es casi siempre sí. Por lo regular, alguien en alguna parte lo ha pasado peor que tú y aun así tuvo éxito. También puedes tener éxito en el momento en que desees más lograr una meta que dar una excusa. Rehúsa representar el papel de víctima. Las víctimas no tienen que actuar; están muy ocupadas meditando en la injusticia y el resentimiento. Recuerda, siempre se te podrá ocurrir una excusa elocuente, pero ninguna tiene una vida útil de más de veinticuatro horas.

relación matrimonial, lo hará. Si no, no lo hará. Su habilidad para tomar decisiones está conectada con su apetito emocional a corto plazo. Es prisionero del deseo de gratificación instantánea y sufrirá consecuencias de largo plazo por su perspectiva de corto plazo. El raciocinio impulsado por los sentimientos, tan popular en nuestra cultura actual, es superficial. Indica un carácter débil, falta de convicción e inmadurez espiritual. Afortunadamente, el raciocinio impulsado por los sentimientos es sólo un hábito improductivo que se puede cambiar.

Los hacedores, por otro lado, sienten al entrar en acción. Después de determinar qué es lo que se necesita hacer basados en sus metas, los hacedores actúan. Simplemente lo hacen. Si no sienten que tienen que actuar, consideran esa emoción como una distracción y actúan a pesar de ello. Se niegan a permitir que su deseo de comodidad a corto plazo los desvíe de su meta a largo plazo y de las bendiciones que la acompañan.

Te conviertes en un hacedor al decidir serlo deliberadamente. Te vuelves un sentidor por omisión, al no considerar este aspecto de tu carácter. En ausencia de una decisión para hacer lo opuesto, todos tenemos una tendencia a rendirnos al peor lado de la naturaleza humana. Todos estamos propensos a incurrir en acciones que sólo producen pagos inmediatos.

La alternativa a una vida restringida por nuestros sentimientos es una vida ilimitada caracterizada por la acción deliberada y decisiva. El antídoto para una vida segura de comodidad y mediocridad es una vida audaz de carácter y valentía. Puedes entrenarte para vivir una vida de acción al cambiar tu forma de pensar de corto plazo a largo plazo. Esto significa que debes considerar las ramificaciones a largo plazo de cada uno de tus actos. Pregúntate: "Si este acto se volviera un hábito en mí, ¿sería para mi bien a largo plazo?" Si la respuesta es no, entonces no lo hagas. Cuando te enfrentes con una decisión importante, pregúntate: "En vista de donde he estado, donde estoy y de quien tengo la intención de ser en el futuro, ¿qué es lo más sabio que puedo hacer en esta situación?" Incluso más simple, podrías preguntarte: "¿Cuál es mi meta? ¿Me llevará esto claramente en dirección a mi meta?" O: "¿Cómo podría esta decisión afectarme en veinte años?" Otra pregunta es: "¿Cómo podría esta decisión afectarme en mil años?" ¡Esa pregunta debería dejarte pensando! Recuerda, los sentimientos van y vienen, pero las consecuencias perduran para siempre.

La calidad de nuestras decisiones está determinada en primer lugar por nuestra perspectiva o marco de referencia. Si nuestro plazo es largo, probablemente cosecharemos los efectos de las decisiones sabias. Si nuestro plazo es corto, sufriremos inevitablemente las consecuencias negativas que corresponden al raciocinio a corto plazo.

¿Abundancia o supervivencia?

Puedes caminar hasta el océano de la abundancia con un dedal o con un camión cisterna. Desafortunadamente, la mayoría de la gente elige el dedal, sin saber jamás que hay una alternativa. **Recuérdate que Dios es la fuente infinita y el proveedor supremo de todas las cosas buenas.** Nuestro Padre celestial ha vertido una fuente de abundancia inagotable sobre esta tierra. Está lista para que la multipliquemos aún más si estamos dispuestos a tomar la iniciativa. La mayoría de la gente no toma la iniciativa simplemente porque han aprendido a pensar en términos de

Los triunfadores son motivados por resultados favorables. Los mediocres son motivados por modalidades placenteras.

supervivencia en lugar de términos de abundancia. A esta actitud se la denomina a menudo como mentalidad de escasez, y es intrínsecamente pesimista. La gente con una actitud de escasez conoce en extremo lo que no quiere en la vida y es indecisa con respecto a lo que sí quiere. Tienen largas listas mentales de por qué las cosas no se pueden hacer y por qué no sirve ni siquiera tratar. "¿Para qué fijar una meta que te es imposible alcanzar?" es una respuesta típica de estos pensadores del déficit. Una mentalidad de escasez o pobreza lo pone a uno en modo de supervivencia, donde simplemente subsistir llega a ser la meta y por consecuencia, el cielo raso. Por supuesto, quienes sufren de esta perspectiva estática raramente tienen conciencia de ello.

Por otra parte, una conciencia de abundancia está cimentada en la fe, las posibilidades y el pensamiento en grande. En este estado, nos concentramos en cómo y por qué se pueden hacer las cosas. Un pensador de abundancia se fija en las oportunidades que existen ahora, así como en aquellas que deberían existir. Una mentalidad de abundancia precede a todos los logros extraordinarios y es tu derecho de nacimiento. Aléjate de lo que es realista y considera las aparentes posibilidades irrealizables. Deja de preguntarte cuál sería una buena meta y comienza a preguntarle a Dios cuál podría ser tu meta más espléndida.

No importa cuán próspera sea tu actitud, puede ser aún más próspera. **Recuerda, tu éxito beneficia a los demás.** Al incrementar la calidad y la cantidad de tu servicio a los demás, tus beneficios se incrementan como una consecuencia natural. Cuando tu forma de pensar se vuelve más abundante, te vuelves como un niño que antes era daltoniano en un jardín fabuloso; de pronto puedes ver imágenes hermosas que han estado allí todo el tiempo. Puedes estar en sintonía con la escasez o puedes estar en sintonía con la abundancia. Una vez más, es tu decisión. Cuando asumas la responsabilidad por tus acciones, aceptes que la vida no es justa, te deshagas de las excusas, te conviertas en un hacedor y desarrolles una mentalidad de abundancia, destruirás muchas de las barreras que te separan del éxito. Estarás avanzando en el camino para llevar al máximo el potencial que Dios te ha dado.

Lección 1: Preguntas para reflexionar

¿Qué significa el éxito para ti? ¿Estás viviendo el éxito ahora mismo? ¿Te sientes exitoso? ¿Cómo defines el éxito verdadero?

¿Qué es la mediocridad? ¿Qué ejemplos de mediocridad has presenciado recientemente? ¿Cómo previenes que la mediocridad te ataque a ti, a tu familia o a tu negocio?

¿Qué mensajes sobre el éxito se promueven en nuestra cultura a través de los medios de comunicación, líderes políticos, iglesias, currículos escolares, etc.? y, ¿cómo definen tu pensamiento?

Declaración de Responsabilidades™

I. Tienes la responsabilidad de pedir oportunidades solamente.

II. Tienes la responsabilidad de buscar y encontrar tu lugar verdadero en la vida.

III. Tienes la responsabilidad de escribir metas apremiantes para tu vida.

IV. Tienes la responsabilidad de utilizar tus horas y minutos sabiamente.

V. Tienes la responsabilidad de visualizar la obtención de tus metas con detalles vívidos y abundantes.

VI. Tienes la responsabilidad de convencerte de tu éxito.

VII. Tienes la responsabilidad de elegir un estilo de vida de alta energía.

VIII. Tienes la responsabilidad de desarrollar al máximo cada área de tu vida.

IX. Tienes la responsabilidad de proporcionar contribuciones y valores mayores si deseas beneficios mayores.

X. Tienes la responsabilidad de perseverar hasta que tengas éxito.

¿Quién se beneficiaría más en tu vida si elevaras tus criterios y exigieras mucho más de ti mismo?

Describe tu vida y las pasiones que tenías hace diez años. ¿Cuál era tu enfoque? ¿Cuáles eran tus desafíos? ¿Cuáles eran tus ilusiones y tus sueños?

¿A quién puedes influenciar con las ideas de esta lección en las próximas cuarenta y ocho horas?

LECCIÓN 1: TAREAS

1 | Escribe tus definiciones personales de éxito y mediocridad.

2 | Dibuja una línea vertical que divida en dos una hoja de papel. En el lado izquierdo de la hoja, escribe todo lo que puedes controlar en tu vida, ya sea parcial o completamente. Titula esta columna "Dios y yo." En la columna de la derecha, detalla aquellos aspectos de tu vida sobre los cuales no tienes ningún control. Puedes titular esta columna "Déjalo a Dios."

3 | Enumera diez de tus cualidades o aspectos positivos.

4 | Enumera diez de tus logros pasados, ya sean grandes o pequeños.

5 | Enumera tus diez mayores bendiciones hasta ahora.

6 | Enumera diez bendiciones por las que esperas estar agradecido en los próximos nueve años.

7 | Describe cómo será tu día ideal dentro de diez años. Comienza con el momento en que te despiertas y continúa hasta que vayas a dormir e incluye todos los detalles posibles que provoquen emociones.

Elige quién quieres llegar a ser

Si quieres que tu propósito en la vida se convierta en una magnífica obsesión, tienes que desarrollar y revisar constantemente tu declaración de misión personal.

En esta lección aprenderás a:

- Reconocer tu verdadera identidad
- Decidir quién quieres llegar a ser
- Cultivar la pasión por una misión personal
- Vivir de manera más honesta, libre e intuitiva
- Crear una declaración de misión personal inspiradora
- Alinear tus metas con tu propósito

Ahora que tienes una definición práctica del éxito y comprendes que Dios quiere que seas exitoso, quiero que te entusiasmes totalmente con la posibilidad de llevar al máximo tu potencial. ¡Sé apasionado! Fuiste creado a imagen y semejanza de Dios para hacer cosas grandes, sabias y maravillosas en el tiempo limitado que tienes aquí en la tierra. Entonces, ¿por qué no te atreves a hacer cosas magníficas con, para y a través de Dios? Después de todo, ¿de qué le sirve al mundo no pensar a lo grande? Acepta la carga y la bendición del éxito. ¿Crees realmente que todos los grandes planes de Dios ya han sido llevados a cabo? ¿Se han vivido ya las vidas más grandiosas? ¿Se han hecho realidad los mejores matrimonios? ¿Se han escrito ya los mejores libros y las mejores canciones? ¿Se han creado ya las mejores invenciones? ¿Se han predicado ya los mejores sermones? ¿Se han inventado ya las más grandes innovaciones tecnológicas? ¿Han ocurrido ya los máximos adelantos médicos? ¿Se han puesto en marcha ya los negocios más creativos? En realidad, lo mejor de todo podría estar por venir. Sin duda, hoy o mañana podría ser el día más emocionante de la historia.

En esta lección, te voy a desafiar a que consideres y clarifiques el propósito de tu vida. También hablaremos sobre revelar lo que yo llamo tu Genio y la función que cumple para ayudarte a comprender tu propósito. Lo que es mucho más importante, tu Genio te ayuda a vivir cada día con un mayor sentido de misión, con un mayor sentido de entusiasmo y con un apetito real para hacer una diferencia significativa y positiva con tu vida.

¿Quién eres ahora?

¡Eres un hijo de Dios hermoso y maravilloso! Esa es la verdad, lo sepas, lo creas o no. Detente por un momento y maravíllate por lo que esto significa. Piensa de ti mismo como un hijo de Dios, un miembro de la familia, un hijo del Rey. Eres una obra maestra original. Tu ADN lo prueba. Nunca ha habido nadie como tú y nunca más lo habrá. Dios no ha hecho a nadie más usando una mejor arcilla que la que ha usado para hacerte a ti. Es crucial recordar tu verdadera identidad. Cuando te consideres a ti mismo como hijo de Dios, no verás restricciones con respecto al impacto que puedas tener en este mundo. La manera en que te ves a ti mismo por dentro fija el límite de lo que Dios puede hacer contigo por fuera. Tu vida aquí en la tierra es la oportunidad especial e irrepetible de magnificar la grandeza que Dios ha puesto dentro de ti.

¿En quién te estás convirtiendo?

Antes de elegir tus metas, es prudente elegir primero lo que quieres llegar a ser. Esto significa decidir con antelación de qué manera crees que Dios quiere que cambies. Como seres humanos, necesitamos un sentido de propósito para nuestras vidas tanto como necesitamos alimento, agua y oxígeno. Este sentido de propósito proporciona significado. Nos hace sentir útiles y es un recordatorio constante de que nuestra vida tiene importancia. Cuando tienes un sentido profundo de propósito o de misión o una profunda razón de ser, vives desde adentro. Esto significa que quién eres provoca lo que *haces*. Tu vida exterior refleja con exactitud tus valores, prioridades y principios. Comienzas a vivir de una manera más auténtica, más libre y más intuitiva. Cuando saques provecho del manantial de tu misión personal, llegarás a ser más creativo, vigoroso y apasionado. Como un niño jugando, llegarás a estar completamente abstraído tratando de cumplir tus metas, porque estas están sincronizadas con quién eres tú.

Sin un profundo sentido de propósito, la vida carece de significado verdadero o de sentido a largo plazo. Este tipo de existencia se caracteriza por hacer las cosas de manera rutinaria, con cinismo, pesimismo, apatía y, a fin de cuentas, una vida mediocre. Es vivir perpetuamente en modo de supervivencia. Es una vida que necesita estar llena constantemente con cosas del exterior, estar ocupada, tener distracciones y una actividad continua.

No tienes responsabilidad mayor que la de determinar qué es lo que Dios quiere que lleves a cabo aquí en la tierra. ¿Por qué existes? Generalmente, todos compartimos los propósitos comunes de aprender, crecer y contribuir, pero ¿qué dices acerca de ti específicamente? ¿De qué manera crees que Dios quiere que el mundo sea diferente debido a tu vida en particular?

TU VERDADERO LUGAR

Tal vez no la hayas descubierto todavía, pero hay una respuesta a esa pregunta, sin lugar a dudas. Vale la pena buscarla, porque la respuesta revela tu propósito. En este propósito debes encontrar tu verdadero lugar o Genio, como lo llamamos en El Club del 1%. **Tu verdadero lugar es tu senda única para glorificar a Dios.** Lo sabrás cuando llegues allí. Tendrás un sentido de destino cuando lo que más te guste hacer se combine con lo que haces mejor. Allí es donde pasarás la vida a tu manera, haciendo la diferencia para la que has sido equipado exclusivamente. Cuanto más experimentes tu verdadero lugar, serás más atraído a él. Esa pizca de insatisfacción, que quizás sólo tú sabías que existía, desaparecerá. Disfrutarás de aumentos de autoes-

El día de hoy ocupará su lugar como un azulejo en el mosaico de nuestras vidas —ya sea para añadir a su belleza y armonía o para desvalorizarlas en una vida sin propósito.   —*Earl Nightingale*

tima rejuvenecedores, dado que ya no habrá necesidad de compararte con los demás. Te sentirás más sano, serás más próspero y estarás lleno de gozo.

Aunque cada uno de nosotros tiene muchas áreas en las que le puede ir bien, hay un solo Genio. Dios tenía en mente una cosa específica cuando te creó.

¿CUAL ES TU SUEÑO?

Inicialmente, podrías identificar esto de manera particular como tu visión o sueño supremo. Para algunos, este sueño sacudirá al mundo entero. Para otros, pacificará un solo hogar pequeño. El mundo será un lugar mejor de cualquier manera.

Tarde o temprano, todos nos confrontamos con la pregunta de si estamos viviendo con propósito, ya sea que prestemos atención a nuestro llamado y sigamos nuestra visión suprema o no. No importa cuán lejos puedas estar apartado de tu verdadero lugar, siempre podrás encontrarlo nuevamente. Tu verdadero lugar siempre te estará esperando porque nadie más que tú puede llenarlo. ¡Ese es un pensamiento grandioso! De manera que consuélate al saber que cada experiencia que hayas tenido alguna vez, no importa cuán inconexa pueda parecer, podrá ser usada para provecho en tu verdadero lugar cuando finalmente lo encuentres. Y lo encontrarás . . . si lo buscas con entusiasmo.

¿Estás sirviendo a Dios en este momento al volverte cada día un poco más parecido a la persona en la que él quiere que te conviertas? Tu propósito no es algo que tengas que alcanzar; más bien, es algo que necesita ser satisfecho o saciado. Entonces, ¿en quién te estás convirtiendo aquí en la tierra? Cambiarás constantemente y te convertirás en alguien nuevo a lo largo de tu vida, ya sea de una manera leve o ampliamente diferente de la versión anterior de ti mismo. En cada cambio, te acercarás más a tu verdadero lugar o te apartarás de él.

Para la mayoría de la gente, el cambio tan sólo ocurre. Se considera al cambio como un acontecimiento externo que ocurre de manera fortuita. La mayoría de la gente permite ser moldeada y ser alejada de su rumbo por sus propias circunstancias. Pero como James Allen escribe en su libro titulado *Como un Hombre Piensa, Así Es Su Vida:* "La circunstancia no hace al hombre, lo pone al descubierto."[1] Este es un principio crucial de la naturaleza humana.

NUESTROS PENSAMIENTOS PRIVADOS

Nuestras circunstancias son sólo un reflejo de lo que sucede dentro de nuestro mundo secreto de pensamientos, emociones y creencias. Aquello en lo que más pensamos será revelado en última instancia para que todos lo vean. Es decir, nuestros pensamientos privados no permanecerán privados por mucho tiempo. El ser humano es realmente un "llegar a ser humano." Cuando comenzamos a renovar nuestra manera de pensar, nuestro mundo cambia con nosotros. Cuando nos volvemos mejores, nuestras vidas se vuelven mejores. El prerrequisito para cambiar las circunstancias es que tú debes cambiar primero. Hacerlo de otra manera es como fingir que la cola puede menear al perro. Vivir con propósito exige decidir deliberadamente y con antelación de qué manera vas a crecer y asemejarte más a la persona en la que Dios quiere que te conviertas. Esta decisión exige que te pongas en contacto con tus deseos fundamentales.

Estos deseos de gran intensidad, a veces denominados el ADN del éxito, son los que revelan la función a cumplir para la que Dios te ha creado. Más adelante en esta lección, compartiré algunas pistas que te ayudarán a identificar tu Genio.

Creo que la voluntad de Dios para ti es algo maravilloso y glorioso, mucho mejor que cualquier cosa que pudieras haber ideado para ti jamás. Así que no te conformes con la vida media. ¡Rechaza esta influencia de la mediocridad y sobresale! No seas convencional. Sé original. Rehúsa ser una copia común. Acepta que has sido hecho a medida

Haz lo que te encanta y dejarás de ser tu propio enemigo.

por Dios para servir en una función exclusiva en este mundo, incluso si no tienes en claro ese rol ni el plan para cumplirlo. Ese es tu verdadero lugar —y depende de ti encontrarlo. No hay seres humanos extra. Dios tiene un plan y un lugar para cada uno, y eso te incluye a ti.

¿LO ESTÁN HACIENDO TODOS?

Entonces, si la voluntad de Dios es tan irresistible, ¿por qué no la están cumpliendo todos? Después de trabajar con miles de clientes ambiciosos por más de dieciséis años y haber realizado una cantidad enorme de investigación personal, he llegado a conclusiones firmes acerca de cómo nuestros talentos, nuestra misión y la voluntad de Dios están entrelazados:

- Dios tiene un objetivo particular para tu vida. Ya me he referido a esto brevemente.

- Este objetivo (o propósito para tu vida) coincide con tus dones, talentos y una gran cantidad de otros factores celestiales.

- Tus áreas de interés —las actividades y las ocupaciones más atractivas y que más disfrutas— son los mejores indicadores de un gran talento y capacidad.

Cuando participas en actividades que exigen tu talento especial, tu cerebro libera agentes químicos que activan la satisfacción como un incentivo para que continúes en esa área. Es un mecanismo de refuerzo positivo que es parte integral del diseño perfecto de Dios. Entonces, estos talentos se convierten en puntos fuertes y finalmente en Genio si permanecemos lo suficiente en ese curso.

Nuestra conglomeración única de carácter, talentos, experiencia de vida y personalidad se mezcla y enciende un sueño dentro de cada uno de nosotros. Cuanto más seguido nos ocupemos de nuestros puntos fuertes, más se consolidará nuestra visión suprema.

Con este sueño dado por Dios grabado en nuestras mentes, llegaremos a estar motivados intrínsecamente, y necesitaremos cada vez menos estímulo del exterior. Llegaremos a estar dirigidos interiormente y la autodisciplina se logrará sin esfuerzo.

La totalidad de este proceso es contracultural. En lugar de competir para usar al máximo el potencial dado por Dios, la mayoría de la gente en nuestra sociedad compite para mantenerse a la par con los demás. Están corriendo la carrera equivocada. Filosóficamente, tienden a desear la comodidad más que el carácter. Estratégicamente, descubren a menudo que están en la profesión equivocada. Tácticamente, se han resignado a simplemente disfrutar de sus noches, fines de semana y vacaciones, sin metas a largo plazo. La mayoría de la gente rinde menos de lo esperado porque fueron descuidados al decidir qué carrera correr en primer lugar. Con tres hijos, un segundo hogar y después de haber pasado veinte años en su especialidad actual, mucha gente se siente atrapada.

El sueño que Dios planta en tu corazón, en tu ADN, no se realizará por casualidad. Naturalmente, hay un precio que pagar. En resumidas cuentas, el precio exige que renuncies a los conceptos de seguridad, certidumbre y comodidad a cambio de recibir los beneficios más elevados de vivir la vida que Dios te dio *a ti* y de dejar tu marca inconfundible en el mundo. Debes otorgarte un ascenso y escapar de tu zona de comodidad personal si quieres llegar a ser aquel que hace la diferencia para la que fuiste diseñado. ¡Salta y la red aparecerá!

Desde el comienzo del camino, te enfrentarás con resistencia institucional, cultural, relacional, financiera y mental. Esto es simplemente parte del juego del sueño. Debes seguir adelante ante la presión del conformismo. Debes actuar de manera que no dejes dudas acerca del compromiso con tu visión suprema —y lo debes hacer antes de que tengas el dinero, antes de que tengas la confianza e incluso antes de que tengas la bendición de aquellos que están más cerca de ti. Primero, te debes comprometer incondicionalmente; entonces el plan llegará y los recursos aparecerán. Te convertirás en una fuerza incontenible sólo después de que abandones todos los pensamientos de dar marcha atrás.

Hazle a Dios estas tres preguntas con persistencia: ¿Quién soy? ¿Por qué estoy aquí? ¿Dónde quieres que vaya? Pídele a Dios que revele su voluntad para ti mediante tus deseos.

¡LA EXCELENCIA ES INEVITABLE!

Descendamos ahora un poco más profundo en el concepto de Genio y, en particular, de qué manera se relaciona con tu trabajo. **Tu área de Genio es el punto específico donde aquello que más disfrutas haciendo se encuentra con lo que haces mejor.** Este es el punto donde eres capaz de hacer la mayor contribución al mundo. La excelencia es inevitable una vez que encuentras este Genio.

¿Cómo encuentras tu Genio? Primero, determina qué es lo que disfrutas naturalmente. Pregúntate qué harías durante todo el día si el dinero no fuese un problema. Sólo cuando realmente amas lo que haces de la misma manera que tu pasatiempo favorito tendrás lo que se necesita para generar resultados tremendos. Un Genio es alguien que cree en las ideas que Dios envía y después las pone en acción.

¿Qué es lo que Dios te está susurrando al oído? ¿Qué es lo que secretamente quieres hacer con tu vida? Ten valentía para identificar con honestidad en qué área has sido bendecido de una manera singular. Si no lo sabes, ora por ello. Pregúntale a tu cónyuge. Pregúntales a tus amigos. Pero búscalo. Creo que tienes la habilidad para llegar a descollar en por lo menos una cosa si eres selectivo y si pones todo tu corazón en llegar a ser el mejor. Si no puedes sumergirte con entusiasmo en lo que haces, deberás renunciar a tu aspiración de llegar a la excelencia y disfrutar de las oportunidades abundantes que la acompañan. Como dice el viejo dicho: "Haz lo que amas, ama lo que haces." ¡Comienza a agradecerle a Dios porque hoy es lunes!

GENIO ES EL QUE HACE GENIALIDADES

He estado enfatizando el concepto de Genio, que es la habilidad de concentrarte en tu punto fuerte específico y excluir todo lo demás. Esto se logra identificando tu Genio y luego, por un período de varios años, eliminando todas aquellas actividades que se le opongan o interfieran con él. El concepto de Genio está alineado estrechamente con dos principios mayores de máximo rendimiento personal:

- El Principio del Punto Fuerte, que dice que al concentrarte en tus mayores virtudes haces que tus puntos débiles se vuelvan irrelevantes.

- El Principio 80/20, que dice que 80 por ciento de tus resultados provienen sólo de 20 por ciento de tus entradas.

Examinemos esto más detenidamente definiendo tu Genio. No nos estamos refiriendo al genio de Einstein, estamos hablando de genio empresarial o genio de desempeño. A veces, le llamo el genio Forrest Gump, refiriéndome a que es una forma de actuar. Parafraseando a la madre de Forrest Gump: "Genio es el que hace genialidades." Tu Genio es un conjunto de actividades relacionadas que producen colectivamente beneficios mayores en el mercado. Ya seas un atleta estrella, un pastor, un líder de negocios, un agente del FBI, un empresario, un padre o madre que se queda en casa o un maestro, tienes un mercado —es decir, un grupo de gente al que estás encargado de servir. Cuando operas dentro de tu Genio, produces resultados sobresalientes. Lo mejor de todo es que estos resultados se generan con una inversión de tiempo y esfuerzo desproporcionadamente pequeña pero extremadamente calculada.

Tu Genio está donde está tu mayor potencial. Puedes lograr mucho más con menos tiempo, esfuerzo y energía. En muchas especialidades, esto significa que podrás trabajar menos e incluso ganar más al incrementar significativamente el valor dólar de cada hora de tu tiempo. Para otros, serás simplemente mucho más productivo. Al operar dentro de tu Genio, podrás hacer menos pero llegarás a ser más. Tu Genio estará donde seas capaz de hacer la mayor diferencia en el mundo.

Casi todos han experimentado atisbos breves de Genio, pero sólo una pequeña minoría se ha beneficiado de su potencial latente y lo ha transformado en su sistema operativo diario. A continuación compartiré siete indicios que te ayudarán a identificar tu Genio.

Pasión. Tu área de genio siempre estará caracterizada por el entusiasmo, el interés intenso y la diversión pura. Esta pasión será difícil de extinguir, incluso cuando estés lejos del trabajo. Tendrás energía sin límites; trabajar en tu área de Genio te estimulará física, mental y emocionalmente. Cuando experimentes fatiga, estará acompañada por un poderoso sentido de satisfacción.

Aprendizaje rápido y continuo. En tu área de Genio, notarás que aprender información nueva tomará poco tiempo. Los nuevos conceptos serán visualizados fácilmente y se integrarán rápidamente en tu base de conocimientos. De manera igualmente importante, el proceso de aprendizaje será divertido y la superación sin fin sobrevendrá naturalmente.

Gran memoria. Tu área de Genio estará caracterizada por una memoria vívida, clara, casi perfecta. Los hechos, cifras, fechas, nombres, conversaciones y puntos claves relacionados a tus actividades Genio serán recordados sin esfuerzo cuando sea necesario.

Flujo. Cuando estés operando en tu Genio, tenderás a sumergirte totalmente en lo que estés haciendo. Los atletas de talla mundial a veces se refieren a estar "en la zona" cuando se concentran totalmente en el momento presente y pueden dejar fuera todo lo demás.

Usar la intuición. En tu Genio, sacarás provecho de tu intuición y tenderás a seguirla y, lo que es más importante, tendrás razón. Espera experimentar un conocimiento instintivo intenso que te ayudará a hacer rápidas decisiones positivas para acercarte a tu meta.

Ausencia de desgaste. Al operar en tu Genio, te protegerás contra el desgaste. Puesto que estarás haciendo lo que haces mejor y amas más, terminarás de hacer más cosas en menos tiempo y serás más feliz, más sano y mucho más equilibrado. El desgaste es la consecuencia mental, emocional y física del exceso de trabajo en un área de debilidad y no de Genio. El desgaste es el resultado del punto de ruptura de la resistencia acumulada a la actividad no Genio.

Anhelo. Cuando experimentes un profundo deseo que no desaparece, será un fuerte indicio de que te podrías estar acercando a tu Genio. Hace varios veranos, uno de mis hijos se la pasaba sosteniendo una pelota bajo el agua en la bañera de hidromasajes. Cuando la soltaba, se disparaba hacia la superficie como un cohete en el aire. Parecía que este proceso le gustaba, especialmente cuando la pelota le pegaba a su papá en la cara. No importaba cuán profundo la sostuviera o cuán a menudo repitiera este ejercicio, la pelota continuaba saliendo disparada hacia la superficie. Y así es precisamente como funciona el anhelo. No importa cuán a menudo o cuán profundo trates de enterrarlo, seguirá emergiendo hasta que hagas algo. Tu Genio anhela ser liberado de una vez por todas.

El factor de improvisación. ¿Has intentado hacer algo alguna vez y luego de haberlo completado con muy poco esfuerzo o preparación recibiste comentarios y elogios tremendos? Esto significa que lo improvisaste y te saliste con la tuya. Esta puede ser una gran señal de tu Genio. Si tienes talento para improvisar y conseguir grandes resultados, ¿cuánto más podrías hacer con un poco más de preparación? ¿Cuánto mejor podrías hacerlo con mucha más práctica? Uno de los más grandes errores de rendimiento que comete la gente es continuar improvisando porque pueden, en lugar de invertir tiempo y esfuerzo para llegar a estar entre el 1 por ciento superior. ¿En qué áreas aún improvisas? Vale la pena pensar en eso.

Tu declaración de misión personal

En este segmento, quiero guiarte a través del proceso de creación de tu declaración de misión personal. Compartiré contigo un ejercicio que asigno a mis clientes de El del Club 1% cuando ellos desarrollan sus

Mi misión

Mi misión es dar un ejemplo excelente al contribuir y servir a otros sustancialmente al mismo tiempo que aprendo, crezco y mejoro constantemente, todo para la gloria de Dios. Soy un hijo de Dios. Obedezco los mandamientos de Dios y cosecho los beneficios naturales. Reclamo con confianza las promesas gloriosas y maravillosas que me ha hecho mi Padre Celestial. Estoy agradecido a Dios por cada nuevo día y por la oportunidad de comenzar un nuevo . . .

¡Tengo y gozo de una salud perfecta! No es posible desarrollar mi potencial pleno y vivir consecuentemente con mis valores sin estar en un estado físico excelente. En mi dieta abundan los alimentos que mejoran la calidad de vida. Hago ejercicios aeróbicos, tomo el tiempo necesario para relajarme, dormir y practicar la respiración profunda. He entrenado mi mente para que se concentre en mis metas y . . .

Soy un cónyuge amoroso, leal y divertido. Dedico tiempo suficiente y sustancioso a mi cónyuge, para ayudarlo y alentarlo en las áreas de crecimiento espiritual, mental, social, profesional y financiero . . .

Soy un padre o madre amoroso, sabio y divertido. Fomento una fuerte unidad familiar. Aprendo y me capacito todo lo que puedo con respecto a la crianza de los hijos de manera que siempre pueda mejorar como padre o madre. Comprendo que mis actos y hábitos como padre o madre hablan de mí mejor que mis palabras . . .

Domino mi profesión. Busco y encuentro oportunidades; siempre hago que las cosas ocurran. Mis clientes confían en mí, me aprecian y buscan consejo sin dudarlo. Planifico mi tiempo sabiamente cada año, cada trimestre, cada semana y cada mañana, luego pongo mi plan en acción. Amo mi carrera; sus beneficios son una bendición para mi familia . . .

¡Soy una súper máquina de aprender! Estoy comprometido con el constante desarrollo personal y profesional. Aprendo de aquellos que me han precedido y . . .

misiones personales y te daré una receta simple que te ayudará a generar el primer borrador.

Una declaración de misión personal es una formulación escrita de tu potencial dado por Dios, tal como Dios lo ve. Expresa tu propósito único en la vida. Tu declaración de misión personal te alienta a cambiar en una dirección deliberada y premeditada. El proceso de construcción de una declaración te fuerza a pensar seriamente acerca de las áreas vitales de tu vida y a clarificar tu dirección a largo plazo. Crear una declaración de misión personal exige reflexión, introspección y un considerable esfuerzo mental. Por este motivo, no es un ejercicio que le resulte atractivo a todos.

UN EJERCICIO PODEROSO

Una declaración de misión es una formulación escrita en tiempo presente que describe exactamente el tipo de persona en que tú crees que Dios quiere que te conviertas. Lo que es más importante, define lo que estás dispuesto a hacer de manera diferente en el presente para llegar a ser esa persona en el futuro. Una buena declaración de misión aclara lo que es permisible en tu vida. Te ayuda a decir "sí" a lo que es correcto y "de ninguna manera" a lo que es incorrecto. Te recuerda lo que es verdadero y lo que es falso. Es un puente que va de la intención a la acción, una señal externa de que has aceptado la completa responsabilidad de tu vida. En la página 43 incluyo una muestra para estimular tu creatividad.

Cuando hayas completado tu declaración de misión, tendrás una visión clara de la persona que esperas llegar a ser, lo cual aumenta considerablemente las posibilidades de que te vuelvas esa persona realmente. Tu declaración de misión será el elemento unificador alrededor del cual organizarás el resto de tu vida. Si quieres que tu misión en la vida llegue a ser una obsesión magnífica, tienes que recordar esa misión constantemente. Si evalúas tu declaración de misión con regularidad, te hará responsable de cambiar y mejorar en una dirección deliberada y premeditada. Cuando desciendas por la senda del descubrimiento de tu Genio y encuentres el propósito de tu vida, ¡recuerda siempre que tu éxito bendice a otros!

Lección 2: Preguntas para reflexionar

Si el dinero no fuera problema y pudieras usar tus días de la manera que quisieras, ¿cómo pasarías la mayor parte de tu tiempo?

¿Cuál sería el consejo más importante que le darías a tu hijo con respecto a su carrera?

¿En qué aspectos de tu vida tiendes a causar la mejor impresión en la gente con tu desempeño?

Describe cuatro actividades específicas que te gustaba hacer cuando tenías 10 años.

¿Qué actividades repetitivas hacen que te sientas distraído y "fuera de propósito"?

¿A quién puedes influenciar con las ideas de esta lección en las próximas cuarenta y ocho horas?

Hoja de ejercicios de la
Declaración de Misión Personal

1 | ¿Cuáles son las tres cualidades que más te gustaría que estuviesen asociadas a tu reputación?

A.

B.

C.

2 | ¿Cuáles son las tres actividades que disfrutas más?

A.

B.

C.

3 | ¿Cuáles son las tres actividades más importantes para ti?

A.

B.

C.

4 | ¿Cuáles son las tres cosas que quisieras cambiar en la vida si no tuvieses restricciones o limitaciones?

A.

B.

C.

5 | ¿Cuáles son las seis cosas que más deseas en la vida? No pongas límite a tu pensamiento.

A.	D.
B.	E.
C.	F.

6 | ¿Quiénes son las tres personas que más admiras y por qué?

A.

B.

C.

Hoja de ejercicios de la
Declaración de Misión Personal

7 | De las personas que más admiras, ¿cuál es la cualidad
única que tienen en común?

8 | ¿Por qué cosa estarías dispuesto a morir si tuvieras que
hacerlo?

9 | ¿Por qué vas a trabajar cada mañana?

10 | ¿Cuáles son tus roles más importantes en la vida *(amigo,
vendedor, empresario, estudiante, tío, esposo, madre, etc.)*?
A.   C.
B.   D.

11 | ¿Por qué cualidades te gustaría que te conozcan en cada
uno de estos roles? *(Ve a las páginas 52–53 para encontrar
ejemplos.)*
A.   C.
B.   D.

12 | ¿Qué evidencia probaría que tienes esas cualidades?

Hoja de ejercicios de la
Declaración de Misión Personal

13 | ¿Cuáles tres metáforas describirían exactamente tu perspectiva de la vida? ¿Por qué?

- La vida es un juego.
- La vida es un tazón de cerezas.
- La vida es terrible.
- La vida es una prueba.
- La vida es una competencia.
- La vida es un regalo.
- La vida es un baile.
- La vida es como una película.
- La vida es un ciclo de estaciones.
- La vida es una lucha.
- La vida es como una escuela.
- La vida es un desafío.
- La vida es una carrera de velocidad.
- La vida es un maratón.
- La vida es una apuesta.

14 | ¿Qué te gustaría que fuese escrito en tu lápida?

15 | Si pudieses escribir tu propio panegírico, ¿qué escribirías?

Bosquejo de la
Declaración de Misión Personal

1 | Declaración de propósito *(una oración, veinticinco palabras o menos):*
   Mi misión es . . .

En tu hoja de ejercicios de la declaración de misión personal, determinaste cuatro roles *(ver preguntas 10–12).* Responde las siguientes preguntas para cada rol:

2 | Rol A
   a. Cualidades/Descripción *(1–2 oraciones)*
      Soy . . .
   b. Evidencia, Acciones, Responsabilidades *(1–2 oraciones)*
      Yo . . .

3 | Rol B
   a. Cualidades/Descripción *(1–2 oraciones)*
   b. Evidencia, Acciones, Responsabilidades *(1–2 oraciones)*

4 | Rol C
   a. Cualidades/Descripción *(1–2 oraciones)*
   b. Evidencia, Acciones, Responsabilidades *(1–2 oraciones)*

5 | Rol D
   a. Cualidades/Descripción *(1–2 oraciones)*
   b. Evidencia, Acciones, Responsabilidades *(1–2 oraciones)*

6 | Resumen y conclusión *(3–5 oraciones)*
   Mi filosofía personal de la vida y del éxito *(ver lección 1):*

LECCIÓN 2: TAREAS

Usando el esquema de la página 49, redacta el primer borrador de tu declaración de misión personal. Asegúrate de que esté escrito en tiempo presente como si fuese verdad hoy.

Cualidades ideales

acogedor	genuino	considerado
dinámico	gracioso	optimista
excepcional	racional	modesto
confiado	encantador	tolerante
audaz	apasionado	atractivo
intuitivo	inteligente	sociable
motivado	expresivo	afable
gentil	habilidoso	diestro
humilde	detallista	alentador
rápido	solícito	inspirador
atento	abierto	perceptivo
paciente	concienzudo	fiable
minucioso	activo	lógico
único	enfático	limpio
carismático	reflexivo	firme
sincero	dirigido hacia las metas	espiritualmente
predecible		independiente
afirmativo	dedicado	receptivo
ejemplar	apacible	concentrado
comprensivo	jovial	consistente
eficaz	entendido	profesional
eficiente	imaginativo	imparable
ordenado	realista	objetivo
agradable	imparcial	elegante
decisivo	dirigido a obtener resultados	crédulo
amable	productivo	experto
responsable		romántico

persistente

aventurado

enérgico

fuerte

espontáneo

determinado

simpático

orientable

cooperador

perspicaz

tranquilizador

perdonador

feliz

hábil

vibrante

organizado

bien parecido

digno de confianza

hermoso

conciente de sí mismo

deseable

afectuoso

emprendedor

favorable

valiente

directo

amoroso

comprometido

servicial

astuto

de confianza

amigable

persuasivo

prominente

vigoroso

disciplinado

solidario

fidedigno

temerario

seguro de sí mismo

creativo

agradable

entretenido

talentoso

honesto

disciplinado

leal

preparado

compasivo

innovador

notable

divertido

prudente

cálido

original

insuperable

valiente

sensible

ambicioso

entusiasta

fácil de enseñar

distintivo

magistral

competente

introspectivo

ingenioso

amante de la diversión

puntual

sabio

extrovertido

inquebrantable

solícito

serio

elocuente

estable

Elige escribir metas inspiradoras

El acto mismo de escribir y de fijar metas magníficas da rienda suelta a tus poderes creativos, y el acto de escribir tus propias metas queda completamente bajo tu control.

En esta lección aprenderás a:

- Motivarte a perseverar con la fijación de metas
- Comprender que las metas reales son las metas escritas
- Aprender un proceso simple de fijar metas
- Desarrollar una visión clara acerca de tu futuro
- Poder compartir tus metas con alguien que amas
- Administrar tus metas con eficacia

¿Te consideras un jugador empedernido? Lo más probable es que no, porque seguramente no estarías leyendo un libro con el título *El Éxito No Es Casualidad*. Pero si en este momento no tienes metas evaluables y específicas puestas por escrito para cada área de tu vida, junto con un plan para lograrlas, entonces es probable que el éxito para ti sea una casualidad. Las causas y efectos en tu vida no serán claros. Tu futuro será impredecible y tu capacidad para causar un impacto en el mundo con tus talentos y dones únicos se verá reducida seriamente. Aceptarás pasivamente una vida de improvisación antes que elegir categóricamente una vida con propósito. Este enfoque no es para ti.

Vivir intencionalmente

Cuando las personas comparten conmigo sus historias de éxito, he encontrado que todas tienen algo en común: una meta. Una de mis historias favoritas pertenece al entrenador de béisbol de la Universidad de Georgia David Perno, probablemente porque tiene que ver con dos de mis cosas favoritas: el béisbol y el entrenamiento. El 21 de julio de 2001, dos semanas después de cumplir treinta y cuatro años, David se convirtió en el entrenador principal de béisbol más joven de la Conferencia del Sudeste.[1] Pero esa no es la parte más impresionante de la historia.

CAMBIAR DE CAMPO

Lo extraño es que cuando uno habla con David acerca de sus primeras metas, no menciona el béisbol. En cambio, recuerda cuando jugaba al fútbol americano en la escuela secundaria Clarke Central, en Athens, Georgia. Fue el entrenador de fútbol de David, Billy Henderson, quien le enseñó a fijar metas. Henderson no sólo enseñaba a los muchachos de su equipo a ganar —el equipo de David ganó el campeonato estatal— sino que también les hablaba acerca de la importancia de tener una visión, de soñar en grande y de fijar metas.

Una de las primeras metas que David se fijó fue jugar fútbol o béisbol de la División I en la universidad. Resultó que alcanzaría su meta si recibía una beca atlética para la Universidad de Georgia, donde, como estudiante de primer año, jugaría de campo izquierdo para el equipo de béisbol de la universidad. Y en 1990 David integró el equipo que ganó el campeonato nacional.

UN GIRO DE ACONTECIMIENTOS

Debido a una lesión en su primera temporada, David ya no podía jugar en su mejor nivel. La cirugía lo había hecho más lento. Así que, después del campeonato, David dirigió su mirada hacia el entrenamiento.

Durante su último año en la universidad, David comenzó a poner por escrito metas de corto plazo. Dos años más tarde, como entrenador asistente de Marshall University, en West Virginia, David comenzó a enfocarse en lo que quería a largo plazo.

"Sabía lo que quería hacer porque lo había saboreado. Sabía que quería ser entrenador de béisbol, pero también sabía que no quería permanecer en West Virginia demasiado tiempo. Quería volver al Sur. . . . Tenía que dilucidar esto y trazar mi plan. Así que lo escribí en una hoja y lo coloqué en mi billetera."[2]

ALCANZAR LA META

Casarse, tener un hijo y convertirse en el entrenador principal de béisbol de la Universidad de Georgia antes de los treinta y cinco años —estas eran las tres metas en la lista de David. "Sabía que lo primero que debía hacer era mudarme de vuelta a Georgia, ya sea entrenando en la escuela secundaria, la universidad, la universidad de dos años o lo que fuera. Tenía que volver a Georgia, hacer algunos contactos y hacer un gran trabajo."[3]

David se convirtió en entrenador asistente de Robert Sapp en Middle Georgia Junior College. Un año más tarde, fue a la Universidad de Georgia cuando le ofrecieron a Sapp el trabajo de entrenador principal. David permaneció en la Universidad de Georgia aún después de que Sapp fuera reemplazado por Ron Polk, el entrenador que ganó más partidos en la historia de la Conferencia del Sudeste.[4] Bajo la dirección de Polk y David, el equipo de Georgia ganó la Conferencia del Sudeste en 2001 y jugó en la Serie Mundial de Universidades.

Al finalizar la temporada 2001, Polk volvió a Mississippi State, donde había entrenado de 1976 a 1997.[5] Esta era la oportunidad para la que había trabajado David. Se había casado con Melaney Chastain en 1997 y su hija nació en 1999; así que, con una sola meta faltante en su lista original, David tiró el pedazo de papel que había llevado en su billetera durante siete años. Era hora de escribir algunas metas nuevas.

"Fijé esta meta, y la contemplé durante muchos años. La evalué y los treinta y cinco años eran el punto de corte. Estaba listo para alejarme. Dije: 'Sabes, va a funcionar de una forma u otra. Si no lo obtengo ahora, bueno, será que me quedé corto. Debo fijar unas metas nuevas y encontrar la forma de que sucedan. Si ocurre, sabré que debía ocurrir.'"[6]

David obtuvo el trabajo de entrenador principal de la Universidad de Georgia. Pero tiene algunas metas nuevas. "Ahora estoy intentando obtener algo de equilibrio, y tengo metas espirituales, familiares y de salud, además de mis metas profesionales. Creo que ponerlas por escrito es la fuerza impulsora. Es lo que me hace levantarme cada mañana, porque hay tanto para hacer, tanto que lograr. Y no hay nada mejor que marcar todo lo que has hecho al final del día."[7]

Al escribir sus metas, David fijó el curso de su éxito. Y continúa escribiendo nuevas metas porque entiende que el éxito no es el esfuerzo de una sola vez. Luego de cinco temporadas como entrenador principal de béisbol de la Universidad de Georgia, David ha conducido a los Bulldogs a la Serie Mundial de Universidades dos veces, ha logrado un récord de 183 triunfos y 126 derrotas y ha sido distinguido como Entrenador de Béisbol del Año de Estados Unidos.

¿Cómo será tu trayectoria? ¿Te prepararás para el éxito extremo o simplemente esperarás evitar el fracaso?

Esta lección reforzará tu necesidad de fijar metas convincentes, de mostrar cómo las metas escritas y tu mente son socios en tu éxito. Te motivarás para hacer lo que sea necesario para convertirte en el tipo de persona que quieres ser. Te explicaré por qué la mayoría de las personas aún no fija metas y te mostraré lo que puedes hacer para evitar caer en esta trampa de la mediocridad. Entender estos conceptos impedirá la frustración y el ensayo y error innecesarios. Luego te daré las ocho características de las metas eficaces y te ayudaré a aplicarlas para liberarte de las limitaciones que te retienen. Entonces se habrá establecido el

Aquí está la prueba

Al inicio del seminario anual de capacitación de una empresa de 150 empleados, pedí que todos se pusieran de pie. Luego pedí que todos los que no tuvieran establecidas metas se sentaran. Una buena cantidad de gente tomó asiento. Después pedí que todos los que no tuvieran metas por escrito se sentaran. Lamentablemente, aunque no es de sorprenderse, todos tomaron asiento salvo un pequeño grupo de veinte personas. A continuación les pedí a los que estaban aún de pie que se sentaran a menos que tuvieran metas por escrito para otras áreas fuera de sus carreras o de sus finanzas. Esto eliminó a otras doce personas, dejando sólo a ocho de 150 que habían establecido metas para otras áreas además de las finanzas y del campo profesional. Les pedí a las ocho personas que quedaban de pie que se sentaran a menos que tuvieran un plan por escrito para acompañar las metas que habían establecido. Esto eliminó a cinco más, dejando a sólo tres de 150 que habían establecido metas y un plan en más de sólo el campo financiero. Les pedí a las tres personas que quedaban de pie (gerentes generales, incluyendo el presidente de la empresa) que se sentaran a menos que revisaran sus metas cada día. Sólo una persona quedó de pie (un vicepresidente de ventas).

Sólo una persona en 150 había establecido metas en otras áreas además de la financiera, tenía un plan para llevarlas a cabo y revisaba sus metas cada día. Este es el resultado que he encontrado en forma consistente a través de los años en que he evaluado a los asistentes a mis seminarios. Invariablemente, menos de 3 por ciento tienen metas por escrito y aun aquellas personas que han establecido metas por escrito lo han hecho sólo en relación a sus finanzas o a sus profesiones.

Quizás has oído hablar de un estudio sobre la clase de 1953 de graduados de Yale. Estas personas fueron periódicamente entrevistadas y seguidas en forma constante durante más de veinte años por un grupo de investigación. Eventualmente, fueron nuevamente entrevistados, evaluados y encuestados. ¡Los resultados mostraron que 3 por ciento de los graduados de Yale ganaron más dinero que todo el otro 97 por ciento junto! La única diferencia entre ellos fue que el 3 por ciento superior tenía metas establecidas y un plan de acción para lograr esas metas, las cuales eran revisadas todos los días.

Más tarde, Harvard University llevó a cabo un estudio sobre la clase de 1979 de graduados de la escuela de negocios. Se encontró que, además de "pasarlo bien," 84 por ciento de la clase no tenía meta alguna. Trece por ciento tenía metas y planes, pero no los habían puesto por escrito. Sólo 3 por ciento de la clase de Harvard había establecido metas por escrito acompañadas de un plan de acción. En 1989, la clase fue encuestada nuevamente. Los resultados mostraron que el 13 por ciento que por lo menos tenía metas en mente estaba ganando el doble que el 84 por ciento sin meta alguna. Sin embargo, ¡el 3 por ciento que había establecido metas por escrito y un plan de acción para alcanzarlas ganaba diez veces más que el otro 97 por ciento combinado!

El punto es claro: Tener metas por escrito te hará más exitoso, y haber escrito metas bien planeadas que puedas revisar cada día te hará superexitoso.

fundamento y estarás listo para comenzar tu taller de fijación de metas, donde te guiaré paso a paso a través del proceso mismo de fijación de metas. Una vez que aprendas este proceso, podrás ajustarlo, adaptarlo y darle forma para poder aplicarlo en lograr cada meta que desees. Finalmente, te presentaré un sistema simple para administrar tus metas de corto y largo plazo.

Recuerda que la fijación de metas es la destreza maestra necesaria para todo éxito perdurable, pero es practicada por menos de 3 por ciento de la población. Sólo alrededor de uno por ciento de las personas están plenamente dirigidas por metas, lo que significa que se han dedicado a hacer sólo aquellas cosas que las ayudan a lograr una meta predeterminada. Afortunadamente, la fijación de metas y el convertirse en una persona dirigida por metas, son habilidades como manejar un coche, esquiar, cocinar, operar una computadora y vender. Y, como esas habilidades, no hay límite alguno a cuán bueno puedes volverte si estás dispuesto a practicar y estás comprometido a convertirte en un experto.

Cuando te conviertes en una persona dirigida por metas, esta habilidad desborda hacia otros compartimentos de tu vida, extrayendo tu pleno potencial en cada área. La fijación de metas es una habilidad crítica. Incluso quienes son auténticamente capaces en la fijación de metas pueden aumentar considerablemente su productividad si actualizan, refinan y perfeccionan sus habilidades en la fijación de metas. Para mantenerse afilado en cualquier destreza, debes mantener una mente abierta en cuanto a nuevas formas de hacer las cosas. No debes volverte complaciente. Recuerda que no hay nada más peligroso para tu éxito futuro que suponer que eres bueno en una destreza crítica cuando tu conocimiento es a lo mejor rudimentario. No debes pensar en lo *bueno;* debes pensar en lo *mejor.* Si esto se parece a tu actitud, y tomas en serio el logro de un mayor éxito personal y financiero, entonces las ideas de esta lección pueden ayudarte a progresar más lejos y más rápidamente que lo que hayas pensado jamás.

Invertir el tiempo y la energía mental para fijar metas significativas en cada área de tu vida producirá una motivación interna y permanente. Te volverás una persona dirigida por tu interior en vez de estar dirigida por el exterior o dirigida por otros. Experimentarás un vigorizante sentido de control sobre tu vida. Te verás impulsado a volverte más competente cada día que pasa. Las distracciones ya no serán un desafío para ti porque tu rumbo está fijado.

La planificación y el análisis de tus metas te brindarán un enfoque agudo, como el de un láser. Te concentrarás en las pocas cosas vitales en vez de las muchas cosas triviales. En cada minuto del día sabrás exactamente dónde necesitas estar y lo que necesitas hacer. Esta mayor efectividad te estimulará y generará el entusiasmo necesario para convertirte en un actor de primera.

Notarás que te levantas más temprano y te acuestas más tarde, y aun así tendrás una energía ilimitada. Al concentrarte cada vez más en tus metas, pensarás cada vez menos en tus problemas y preocupaciones. Tus energías estarán dirigidas hacia tareas que valen la pena, y rehusarás participar en actividades escapistas y sin sentido que sólo te quitan energía, te distraen de tus metas y demoran tus logros. **Las metas te brindan claridad de resultados. Es el requisito previo para volverse un tomador de decisiones sobresaliente.** Cuando sabes específicamente hacia dónde te diriges, es bastante simple evaluar las oportunidades y determinar cuáles coinciden con tus objetivos. Recuérdate constantemente que cada oportunidad o actividad te está acercando o alejando del logro de tus metas. El reloj siempre sigue su tictac. ¡Nada es neutro y cada cosa que haces, o dejas de hacer, cuenta!

Si bien hay muchos ingredientes importantes en la receta para el éxito, las metas son los más importantes. Sin ninguna duda, la capacidad para fijar y lograr metas hará más para mejorar la calidad de tu vida que cualquier otro proceso que pudieras aprender jamás. Lo sepamos o no, todos tenemos metas. El desafío es que la mayoría de la población tiene metas diminutas con poco o ningún valor motivador. Las masas tienden a pensar en pequeño. Incluso quienes han fijado metas elevadas pueden obtener un impulso tan tremendo que sus vidas jamás serán iguales, si dominan los principios para la fijación de metas. La mayoría de quienes podrían ser súper triunfadores elige improvisar. Como resultado, no desarrollan ni multiplican el potencial con el cual nacieron.

Seamos realistas: Todos hemos procrastinado en algún punto. Todos nos hemos conformado con menos de lo que podríamos haber tenido o logrado. Así que ahora, en este momento, ¡creemos un punto decisivo! Juntos, comprometámonos a levantar nuestros niveles. ¡Recuerda que todo cuenta!

La importancia de fijar metas

Aprender a fijar metas y desarrollar planes para lograrlas tendrá un impacto más positivo en tu vida que ninguna otra cosa que pudieras hacer. Como dice el dicho: "Si no sabes adónde te diriges, cualquier camino te llevará allí." Las metas sirven como puntos en un mapa de viaje, detallando cómo lograr el éxito en una secuencia lógica. Aunque esto suena muy obvio, la verdad lamentable es que la mayoría de las personas lo da por hecho. Tienen sólo una vaga idea de dónde se encuentra el punto A y ni idea del punto B. La mayoría de las personas pasa más tiempo planeando sus vacaciones de verano y sus bodas que planeando su vida y su matrimonio. Muchísimas personas se especializan en cosas menores, quedando atrapadas en aquellas que las mantienen más ocupadas pero que contribuyen muy poco a la calidad general de su vida.

Recuerda que las metas grandes generan mucha motivación y energía, mientras que las metas pequeñas producen poca motivación. Seguir tus metas debería ser divertido e interesante, como un pasatiempo favorito. En otras palabras, necesitas diseñar metas que realmente te

¿Cuál es la meta más inspiradora que puedes tratar de alcanzar en los próximos tres años?

inspiren, que sean tan interesantes, motivadoras y estimulantes que te hagan levantar a las cinco de la mañana y te hagan permanecer levantado hasta muy tarde.

La inteligencia, la educación, el trabajo duro y las buenas conexiones son útiles, pero sin metas, tiendes a quedar a la deriva como un barco sin timón de proyecto en proyecto, sin aprovechar jamás tu pleno potencial. Sin metas, puedes arreglártelas e incluso tener un

10 razones principales para establecer metas escritas para tu vida

10 | Las metas escritas fortalecen tu carácter al promover una perspectiva a largo plazo.

9 | Las metas escritas te permiten gobernar tu vida en lugar de sólo administrarla.

8 | Las metas escritas proporcionan una motivación interna, permanente y constante.

7 | Las metas escritas te ayudan a seguir enfocado, a concentrarte en lo que es más importante.

6 | Las metas escritas mejoran tu habilidad para tomar decisiones.

5 | Las metas escritas exigen y desarrollan simultáneamente la confianza en uno mismo.

4 | Las metas escritas te ayudan a crear el futuro con antelación.

3 | Las metas escritas te ayudan a controlar los cambios, a ajustar tus velas, a trabajar con el viento a favor en lugar de tenerlo en contra.

2 | Las metas escritas aumentan tu percepción de las oportunidades que son coherentes con ellas.

1 | Y finalmente, ¡el beneficio más importante de fijar metas eficaces es la **persona en que te conviertes** como resultado de la búsqueda!

buen desempeño según los estándares de la sociedad, pero nunca llegarás a acercarte a realizar tus dones únicos. Sin metas, probablemente te compares y te midas con otros, en vez de hacerlo contra el propio potencial que te dio Dios.

Muchos han denominado a la fijación de metas la destreza maestra del éxito, porque es el ingrediente esencial para la vida exitosa. Sin ella, nunca te acercarás a vivir tu vida a pleno. Con ella, puedes aprender y dominar todas las demás cosas que deseas. Pero no puedes convertirte en un experto en la fijación de metas sólo por escuchar un CD o asistir a un seminario. Junto con un deseo constante de avanzar y mejorar ilimitadamente, el dominio de un tema no llega sin la práctica deliberada y repetitiva.

El principal beneficio de dominar la destreza de la fijación de metas es que comienzas a asumir el control personal de tu vida. La abrumadora mayoría de las personas está tan atrapada por las actividades urgentes del diario vivir que parece estar corriendo a toda velocidad en una densa niebla. Corren rápido pero no van a ninguna parte. **Han confundido la *actividad* con el *logro*.**

Sin metas, uno no vive; simplemente existe, va a la deriva. Tu vida y tu futuro estarán determinados por lo que aparece y atrae tu atención. Denis Waitley escribe: "La razón por la que la mayoría de las personas no alcanza sus metas es porque no las define, no aprende de ellas ni las considera jamás seriamente como creíbles o alcanzables. Los ganadores pueden decirte adónde se dirigen, lo que piensan hacer en el camino y quiénes estarán compartiendo la aventura con ellos."[8]

Quienes no tienen metas claramente definidas son tentados continuamente por cada tendencia de moda que produce la sociedad. La mejor forma de definir la mediocridad es "no fijar grandes metas para tu vida y no vivir la vida que Dios te dio para vivir." Si no fijamos metas desafiantes periódicamente, podemos conformarnos con muy poco. Es fácil descender gradualmente hacia el conformismo y comenzar a aceptar menos que lo mejor para ti y tu familia. **La mediocridad engendra mediocridad.** Si no tienes un propósito definido, invariablemente irás a la deriva en la dirección que el viento sople en ese momento. En vez de ser resuelto y dinámico en tu vida, simplemente reaccionarás al mundo que te rodea y te convertirás, como la mayoría, en la víctima autoinducida de las circunstancias.

Por otro lado, con metas definidas, te proteges psicológicamente de la influencia de modas y otras distracciones populares. Tal vez notes estas modas y tendencias e incluso escuches algunas, pero la existencia de tus metas definidas y escritas te redirigirán rápidamente hacia tu camino predeterminado.

Las personas que experimentan un éxito constante y de largo plazo evitan meter la mano en demasiadas cestas. Se concentran deliberadamente en un único propósito que les permita alcanzar su máximo potencial. Con metas, experimentarás un contentamiento diario, porque cada día te acercarás más a las cosas que son más importantes para ti. Podrás trazar un mapa de

Adopta una perspectiva extensa a largo plazo. Se tiene éxito en la vida en la medida que uno aplica una perspectiva de largo plazo al llevar a cabo las decisiones más importantes.

tu progreso y ser inspirado por lo que ya has hecho. Como resultado, tomarás impulso y tus éxitos comenzarán a formar una bola de nieve al crecer tu confianza y ampliarse tus ambiciones. Las personas sin metas escritas no tienen idea de dónde se encuentran. Como manejar en una ruta sin señalización en un día nublado, no saben si están yendo hacia el norte, el sur, el este o el oeste. Tienen pocos mecanismos de reacción y responsabilidad constructiva. En contraste, la presión positiva creada por la fijación de metas claramente definidas activa tu creatividad innata y permite que afloren tus talentos únicos.

Fuiste creado y bendecido con un potencial ilimitado y con la capacidad de hacer de tu vida una obra maestra. **Lo menos que puedes hacer es fijar metas desafiantes y específicas que te forzarán a estirar e incrementar tu contribución a la vida de los demás.**

Espero haberte vendido, o vuelto a vender, la importancia de las metas y el impacto que pueden tener sobre ti, tu familia, tu carrera y tu futuro. Quiero que no sólo sepas acerca de las metas, ¡sino que las vivas!

Puedes funcionar a tu máximo nivel como ser humano sólo cuando estás siguiendo activamente un conjunto de metas significativas.

Bloqueos psicológicos para fijar metas

Con todos estos beneficios, ¿por qué no hay más personas que fijen metas? ¿Cuáles son los bloqueos psicológicos que inducen a la mayoría de las personas a improvisar en la vida? Las próximas páginas explicarán estos bloqueos y te mostrarán por qué tantas personas fallan, para que puedas estar alerta a estas tendencias en ti y en los demás. Te explicaré las características humanas que conducen a logros inferiores, frustración y mediocridad, para que puedas intentar contrarrestarlas conscientemente. Si tu objetivo es desarrollar y potenciar tus virtudes, o tus cualidades exitosas, es muy importante que también entiendas tus vicios, o las áreas que pueden limitarte.

POR QUÉ LAS PERSONAS NO FIJAN METAS

La razón principal por la que las personas no fijan metas es porque no han aceptado aún la responsabilidad personal de sus vidas. Albert Schweitzer dijo: "El hombre debe dejar de atribuir sus problemas a su entorno y aprender nuevamente a ejercer su voluntad, su responsabilidad personal." El punto de partida de todo éxito personal es la aceptación de 100 por ciento de la responsabilidad de tu vida. Mientras no hayas reclamado la responsabilidad total e incondicional de todo lo que ocurre en tu vida, nunca tomarás en serio la fijación de metas.

> **Los obstáculos son la material prima de los grandes logros.**

Las personas irresponsables son como una hoja que se mueve por el viento sin esperanza alguna de conducirse en una dirección significativa. "*¡Qué será, será!*" es su estribillo constante. La razón es que, como ciertos sucesos están fuera de su control (como las fluctuaciones de la bolsa, el clima o la muerte de seres queridos), todas las cosas deben estar fuera de su control. Si las cosas están fuera de su control, entonces ¿por qué deberían siquiera preocuparse por controlarlas? Después de todo, es muchísimo más fácil echar la culpa de

Siete razones por las que la gente no fija metas

1 | Todavía no han aceptado la responsabilidad personal de sus vidas.

2 | Le temen a la crítica.

3 | No saben cómo.

4 | No se dan cuenta de la importancia que tienen las metas.

5 | Sufrieron la maldición del éxito temprano.

6 | Le temen al fracaso.

7 | Le temen al éxito.

una vida mediocre sobre los hombros de otra persona. Recuerda este punto: Como dijo Emerson, "Nadie más que tú puede quitarte el éxito máximo." Todos hemos sido bendecidos con la libertad de elección, y no llegaremos a ninguna parte hasta que aceptemos la plena responsabilidad por nuestras vidas. Hemos cubierto esto en la lección 1. Recuerda que los premios no se otorgan a quienes han sido tratados equitativamente sino a aquellos que han aceptado la responsabilidad en forma madura.

Otra razón por la que las personas no fijan metas es *el temor a la crítica,* que suele desarrollarse durante la niñez. Los padres, los maestros y otros adultos a menudo nos desalientan inadvertidamente al señalar todas las razones por las que no podemos lograr una meta específica. Sus intenciones suelen ser buenas. No quieren que alentemos demasiadas esperanzas para desilusionarnos luego. Pero el resultado final es que dejamos de crear metas y sueños convincentes para nuestro futuro porque no queremos experimentar el dolor de que sean aplastados. Cada vez que una figura de autoridad reacciona negativamente al deseo expresado por un niño, el niño duda cada vez más en expresar esos deseos y metas. Para cuando nos volvemos adultos, esta renuncia a desear algo se ha vuelto una renuncia a fijar metas, o al menos metas que salgan de lo común. (¡Y esas son las más divertidas!) **Es difícil convertirse en una persona dirigida por metas en un mundo que está centrado en las limitaciones.** Nuestras amistades suelen reírse de nosotros cuando hablamos de hacer algo o de convertirnos en algo que no pueden imaginar para ellos. Podrán menospreciar tu deseo de comenzar tu propio negocio, ingresar a una carrera que realmente amas, ser rico o realmente dedicarte a crecer en tu fe. Como a nadie le gusta ser ridiculizado, aprendemos a callarnos y a mantener los sueños para nosotros, olvidándonos con el tiempo de lo que queríamos o aun de por qué abrazamos esos sueños. Aprendemos a ir a lo seguro, a seguir adelante, a no hacer olas. Lamentablemente, esta actitud de resignación y de rendimiento por debajo de la capacidad se traslada a la adultez, donde seguimos subestimándonos.

Una tercera razón por la que las personas no fijan metas es que simplemente *no saben cómo hacerlo*. Aun cuando hayas obtenido un título avanzado en nuestra sociedad, probablemente nunca hayas tenido instrucción formal sobre cómo fijar, administrar o lograr metas personales. Prácticamente ninguno de mis clientes con una maestría en administración de empresas había tenido un solo curso sobre fijación de metas. Este es un vacío serio, porque la fijación de metas es el tema maestro, la habilidad que hace que todos los demás temas sean útiles y prácticos. Herbert Spencer escribe: "El gran objetivo de la educación no es el conocimiento sino la acción." Al menos, es lo que debería ser. Recuerda que saber pero no actuar es no saber realmente. Pensar que sabes algo cuando no lo sabes realmente es una receta para actuar por debajo de tu capacidad.

He invertido horas incontables en investigar el concepto de la fijación de metas. He dedicado la mayor parte de mi vida adulta a enseñar a individuos, parejas, niños y organizaciones a fijar metas eficazmente. Aun así, prácticamente a diario, aprendo algo o hago una nueva diferenciación entre las metas. Por eso me sigue asombrando que otros digan que ya lo saben todo.

Una cuarta razón por la que las personas no fijan metas es que *no se dan cuenta de la importancia de las mismas.* Si creciste en un hogar donde la fijación de metas y el éxito no eran temas de conversación en la mesa a la hora de cenar, entonces la simple ignorancia puede estar refrenándote. Si tu red de amigos y conocidos no tiene metas claramente definidas, entonces será natural que ignores las tuyas también. Fíjate con quiénes pasas tiempo, porque inevitablemente comenzarás a pensar y actuar exactamente como ellos.

Una quinta razón por la cual las personas no fijan metas es lo que yo llamo *la maldición del éxito temprano.* Muchas personas experimentan el éxito temprano en su vida y luego se vuelven complacientes y dejan de crecer y mejorar. Tal vez les vaya bien en la universidad, logran un primer trabajo destacado o tal vez hasta reciban una promoción rápida. Su éxito temprano les da una falsa sensación de seguridad. Quienes caen víctimas de esta maldición a menudo están en la dirección correcta, pero no hacen otra cosa que vivir de las rentas. Esta es una ruta de concesión. ¿Conoces personas que están viviendo bien o ganando buen dinero pero no están haciendo mucho más con su vida? Cuando se les pregunta acerca de sus metas, estas personas te miran sorprendidos y luego contestan que "están en la senda correcta." "Conformar, conformar, conformar" es su canción lema.

Una sexta razón por la que las personas no fijan metas —y tal vez la más común— es *el temor al fracaso.* Muchas personas temen fijar metas porque tienen miedo de que, al fijar una meta, ellas y los demás podrán determinar si han tenido éxito o no. Este es un punto especialmente importante, porque quienes temen al fracaso son personas dirigidas hacia afuera y hacia otros. Tienen miedo de lo que otros puedan pensar de ellas y tienen miedo de lo que podrían pensar de sí mismas. Los ganadores siguen su voz interior antes que las voces exteriores de las masas. Las personas que sufren del miedo al fracaso albergan el pensamiento subconsciente: *Si no intento, no puedo fracasar.* Por supuesto que esto es una necedad —una excusa conveniente. Los ganadores saben que el único verdadero fracaso es no intentar. **No fijar metas escritas es el equivalente preciso de no intentar.**

Los padres pueden promover el temor al fracaso en sus hijos al hacer que su amor y sus elogios sean condicionales a logros específicos. Cuando un niño cree que el amor del padre o de la madre depende de sus logros, a menudo se paraliza con el temor y no logra fijar metas desafiantes. El niño encuentra más consuelo en no intentar que en arriesgarse a fracasar. A la inversa, el niño que experimenta un amor incondicional probablemente sea más resuelto, ambicioso, saludable emocionalmente y ansioso por expresarse a través de una diversidad de ocupaciones.

Recuerda que el temor, aunque es frecuente, es un estado de mente completamente antinatural e innecesario. La Biblia dice: "Dios no nos ha dado un espíritu de timidez, sino de poder, de amor y de dominio propio" (2 Timoteo 1:7). Los psicólogos dicen que los recién nacidos tienen dos temores: el temor a los ruidos fuertes y el temor a caerse. Sin embargo, por lo general superamos esos miedos con la edad. Más tarde aprendemos una serie de otros temores que son en su mayor parte irracionales. Estos temores son poco productivos e inconsistentes con la vida abundante y plena de gozo para la que fuimos creados.

Y finalmente, la séptima razón por la que las personas no fijan metas es *el temor al éxito*. Esto puede sonar extraño, pero no obstante es una razón predominante de por qué muchas personas no fijan metas. Crecen creyendo que de alguna forma está mal o es pecaminoso seguir nuestros deseos o superar el desempeño medio. Por lo tanto, muchas personas se esfuerzan por ser igual a los demás, algunas veces hasta aparentando disculparse por sus logros. Temen destacarse o ser diferentes por cualquier razón, aun cuando signifique sacrificar su éxito. ¿Acaso no tendría mucho más sentido emular a los que tienen un desempeño excelente que a los de logro inferior? ¿Acaso no tenemos suficientes personas medias ya? **La Biblia deja en claro que a Dios le encanta la excelencia.** El apóstol Pablo escribe: "Hagan lo que hagan, trabajen de buena gana, como para el Señor y no como para nadie en este mundo" (Colosenses 3:23). En Eclesiastés 9:10, Salomón escribe: "Todo lo que te venga a la mano, hazlo con todo empeño."

Una variante del temor al éxito es el temor al fracaso en el siguiente nivel. Algunas personas tienen miedo de que si tienen éxito, sentirán presión para repetir su éxito. Para evitar tener que vivir de acuerdo con este nuevo nivel, dejan las cosas para después y nunca dan lo mejor de sí, esperando que su falta de competencia y confianza en el nivel actual perma-

Cuando eliges establecer por escrito metas inspiradoras, estás eligiendo simultáneamente un futuro magnífico e inspirador. Metas apasionantes presagian un futuro emocionante.

nezca en secreto. Este tipo de temor se manifiesta a menudo como un comportamiento subconsciente y de autosabotaje, y es tan común en el mundo de los negocios como en el de las relaciones personales.

Ocho reglas para las metas altamente eficaces

Cuando sigas cada una de las siguientes ocho reglas puedes esperar desarrollar tu pleno potencial y unirte al uno por ciento superior de hombres y mujeres de alto desempeño. Muchos escépticos y personas que rinden por debajo de su capacidad han intentado fijar metas de manera fortuita sin seguir estas reglas y como resultado han fracasado, concluyendo erróneamente que la fijación de metas no funciona, al menos no para ellas. Las metas funcionan para cualquiera que esté sujeto a la ley de la gravedad —es decir, todos. Para asegurar tu éxito, sigue estas simples pautas fielmente y los resultados hablarán por sí mismos.

1. ¡LAS METAS ALTAMENTE EFICACES ESTÁN ESCRITAS!

Poner las cosas por escrito es de lejos el paso más importante en la fijación de metas. Los deseos y fantasías se transforman en metas mediante el acto de escribirlos. Al escribir tus metas en un papel, las haces concretas, tangibles y físicamente reales. Muchos estudios han demostrado que las personas que ponen sus metas por escrito tienen una probabilidad diez veces mayor de lograrlas que quienes sólo tienen metas mentales. Una investigación similar muestra que las personas que tienen metas escritas ganan entre diez y cien veces más que personas de iguales talentos que no ponen sus metas por escrito. **Escribir tus metas te ayuda a cristalizar tu**

pensamiento y te da un dispositivo físico en el cual centrar tu atención.
Estimula el sistema de activación reticular de tu cerebro, que es el mecanismo dentro del cerebro que controla tu estado de consciencia. Cuando
estés más consciente de tus metas, notarás las personas, los recursos, la
información y las oportunidades que te ayudarán a lograrlas.

Las metas escritas también crean una tarjeta de puntuación que puedes
evaluar y de la que podrás aprender más adelante. Te ayudan a medir tu
éxito y progreso en la vida. Escribir tus metas sobre un papel también aumenta la confianza en ti mismo. Poder ver que lograste algo que decidiste
de antemano te dará un poderoso sentido de autoestima y te alentará a
fijar metas más desafiantes
en el futuro. ¡Tus éxitos
comenzarán a crear una
bola de nieve! Escribir tus
metas en una hoja crea un
contrato de rendición de

> No saber cómo vas a lograr una meta no
> es excusa válida para no establecerla.
> Primero escribe tu meta y luego trata
> de descubrir cómo la puedes alcanzar.

cuentas contigo mismo, lo cual refuerza automáticamente tu carácter e
impulsa la confianza en ti mismo. Recuerda que en nuestra sociedad asig-
namos un mayor valor a los acuerdos escritos que a los verbales. Simplemente son más fuertes. ¡Así que haz que tus metas escritas sean contratos
contigo mismo! Cuando las personas me dicen que no necesitan escribir
sus metas porque las tienen en su mente, sé que realmente están evadiendo
la responsabilidad y terminarán por alcanzar menos.

2. LAS METAS ALTAMENTE EFICACES SE EXPRESAN EN TIEMPO PRESENTE.

Te aliento a expresar cada meta como si su logro ya fuera un hecho. Por
ejemplo: "Gano $125.000 este año" o "Reduzco mi hándicap de golf a
10 para el 25 de junio." Escribir metas como esta te permite reclutar tu
mente para ayudarte a alcanzar tus metas. Una discrepancia obvia entre
donde te gustaría encontrarte y donde te encuentras ahora crea lo que
se denomina una tensión o disonancia estructural en tu mente. Existe
una brecha entre la realidad y tu visión para el futuro. Como tu mente
odia cualquier clase de tensión, inmediatamente comienza a alertarte en

cuanto a toda clase de personas, recursos y oportunidades que pueden ayudar a impulsarte hacia una meta. Básicamente, *tu mente crea un nuevo campo visual.* Expresar una meta en tiempo presente comunica esa meta a tu mente en el formato más eficaz, permitiéndote visualizar la meta claramente y creer que es posible. Da a entender a tu mente consciente e inconsciente que no estás donde quieres estar.

Rehúsa expresar tu meta en la forma: "Haré esto" o "Lograré aquello." Cuando usas expresiones con las palabras *haré* o *lo-*

> Si no tienes metas específicas por escrito para tu vida, estás mal alimentado mentalmente. Tu mente fue diseñada para ser alimentada con metas al igual que tu cuerpo fue diseñado para ser alimentado con comida y agua.

graré, empujas tu logro hacia algún punto del futuro incierto y distante. Hay menos presión para producir estrategias para lograr tu meta y para tomar acción inmediata. Usar "haré" o "lograré" promueve la dilación y, por supuesto, ¡es algo que queremos evitar lo más posible!

3. LAS METAS ALTAMENTE EFICACES SE EXPRESAN POSITIVAMENTE.

Un ejemplo de una meta positiva es "Como alimentos saludables y nutritivos," en vez de "Ya no como comida basura." Es importante evitar decir, escribir o hablar acerca de tus metas de una forma negativa. ¿Por qué? Porque pensamos en imágenes. Las palabras son meros símbolos para los pensamientos y las ideas. Cada vez que escribes o dices una palabra, evocas una visión en tu mente. Y no puedes evocar una visión de no hacer algo. Tal vez digas: "No como comida basura," pero tu mente subconsciente sólo procesa: "Como comida basura." Simplemente omite el "no" y muestra la visión de "como comida basura." Si dices: "No soy gordo," tu cerebro simplemente ve, entiende y trabaja en "Soy gordo." Si dices: "No estoy golpeando la pelota hacia el agua," todo lo que tiene tu mente para trabajar es "Estoy golpeando la pelota hacia el agua." (Ahora que sabes esto, puedes hacer estragos entre tus compañeros de golf recordándoles el agua justo antes de que den su golpe. Y generalmente responden: "No la voy a golpear al agua." ¡Pero suelen hacer exactamente lo contrario!)

Recuerda que actuarás siempre en forma consecuente con las imágenes dominantes que permites que ocupen tu mente. Debes expresar tu meta de una forma positiva para que tu mente la entienda correctamente y empiece a trabajar en ella. La razón por la que la mayoría de las personas expresa las metas en términos negativos es que está mucho más consciente de lo que *no* quiere que lo que *sí* quiere. Pero experimentarás aquello de lo que estés más consciente. Si estás consciente de personas agradables, comenzarás a toparte con más personas agradables. Si estás consciente de tus metas, alcanzarás más de tus metas. Si estás consciente de formas de servir a otros, encontrarás esas oportunidades. Y, en el camino, muchas personas te dirán que tienes suerte.

4. LAS METAS ALTAMENTE EFICACES SON CONSECUENTES CON TU DECLARACIÓN DE MISIÓN PERSONAL.

Tus metas deben llevarte a ser más como la persona que fuiste creado para ser. Deben ser personalmente significativas para ti. Muchas personas cometen el error de fijar metas que son significativas para otra persona, o que agradarán a otra persona, pero que no evocan ninguna pasión en su propia vida. La mejor forma de mantener tu compromiso de alcanzar una meta es entender por qué estás esforzándote por alcanzarla. Es el *por qué*, o el vínculo con tus valores, lo que te mantiene motivado.

Lo mejor es establecer las metas eficaces luego de pensar meticulosamente en tus valores y crear tu declaración de misión personal. Los valores son aquellas cosas que son las más importantes para ti. Incluyen personas, cosas, virtudes, conceptos, creencias y sentimientos. En conjunto, constituyen tu filosofía individual de la vida, o tu visión personal. Las metas buscan ayudarte a experimentar tu propósito único en la vida. Los problemas surgen cuando fijamos metas sin antes aclarar lo que apoyamos y en quiénes queremos convertirnos como seres humanos. A menudo aceptamos y adoptamos los valores de otros porque nunca hacemos el esfuerzo mental para determinar lo que es verdaderamente importante para nosotros. Cuando fijamos metas que no están en armonía con nuestros valores personales, también podemos terminar siendo personas de logros importantes, pero los logros estarán acompañados de una sensación de vacío, una sensación de: "¿De esto se trata? ¿Es esto todo?" La mayor parte de la infelicidad y el estrés negativo surgen de proclamar internamente que algo o alguien es más importante para nosotros y después actuar basándonos en prioridades diferentes. Piensa en estas preguntas:

¿Estoy diseñando mi vida alrededor de valores basados en principios?

¿En quién me estoy convirtiendo al seguir esta meta?

El logro de esta meta ¿aumentará mi tranquilidad?

Asegúrate de que cada una de tus metas esté vinculada con un valor o meta específico de la vida. Debe haber una conexión profunda y obvia entre tus metas y tu declaración de misión personal. De hecho, el seguir tus metas debería forzarte a volverte más como la persona descrita en tu declaración de misión personal. Por ejemplo, si parte de tu declaración de misión

> Cuando estableces y tratas de lograr incondicionalmente metas consistentes con tus principios y valores, te conviertes en la persona que fuiste creada para llegar a ser, satisfaciendo y alcanzando tu verdadero propósito.

hace énfasis en invertir tiempo cuantitativo con tus hijos, evita fijar una meta de servicio comunitario que podría requerir que pases muchas noches fuera de tu hogar. Eso estará en contradicción con tu valor de tiempo familiar. En otra estación de la vida, el servicio comunitario podría ser una meta completamente apropiada.

5. LAS METAS ALTAMENTE EFICACES SON ESPECÍFICAS Y CUANTIFICABLES.

No debe haber ninguna indefinición o ambigüedad en las metas que declaras. Cada meta debe ser cuantificable, de manera que tú u otra persona puedan evaluar tu progreso objetivamente y determinar exactamente cuándo has alcanzado la meta, o si es necesario implementar una nueva estrategia. Cuanto más específica sea tu meta, estarás más enfocado y más seguro en cuanto a qué pasos deberás dar para lograrla. **Cuanto más enfocado estés en tu meta, más consciente estarás de las personas, las ideas y los recursos que te rodean y que pueden ayudarte a alcanzar tu meta.** Una dirección clara también tiende a aumentar tu motivación y entusiasmo. Te anima a actuar.

A menudo, en mis sesiones de entrenamiento, mis clientes preguntan: "¿Cuán específicas necesitan ser mis metas?" Siempre contesto: "¿Puedes ser más específico?" Si es posible ser más específico, entonces deberías serlo. Sigue preguntándote: "¿Cómo puedo definir esta meta más claramente? ¿Cómo puedo hacerla más precisa?" Metas como "Quiero ser feliz," "Quiero tener un mejor matrimonio" o "Quiero ganar muchísimo dinero y ser rico" no sirven. No ofrecen ninguna meta inequívoca a la cual apuntar. Nada es cuantificable. Hay poco o ningún propósito y no se logra mucho. ¡Los objetivos vagos y confusos producen resultados diluidos! Encontrarás que tu creatividad aumentará al definir más claramente tu meta. La creatividad exige presión. Ser concreto y muy específico proporciona la presión.

6. LAS METAS ALTAMENTE EFICACES ESTÁN SUJETAS AL TIEMPO.

Los plazos ponen una presión positiva para que actúes. Sin plazos concretos, la naturaleza humana nos lleva a seguir postergando las cosas. Por extraño que parezca, tendemos a dejar para después aquellas metas que son más valiosas para nuestra tranquilidad mental a largo plazo. ¡Seguimos postergando aquellas acciones que realmente pueden aumentar la calidad de nuestra vida! A menudo nos quedamos empantanados en una huella, en los confines mortales de la zona de comodidad. **La comodidad suele confundirse con el éxito y el resultado es la autocomplacencia.** Para evitar esta autocomplacencia, asegúrate que tus metas estén sujetas al tiempo con plazos razonables para su logro. ¡Es muy importante que el tiempo que asignes sea razonable! Se ha dicho que no existe tal cosa como una meta irreal, sino un marco temporal irreal en el cual lograrla. Aprende de cada experiencia que tienes con la fijación de metas, de forma que te vuelvas cada vez más preciso en la determinación de plazos.

Las metas altamente efectivas

- Están escritas

- Están redactadas en tiempo presente

- Están redactadas de manera positiva

- Tienen un límite de tiempo

- Son desafiantes y razonables

- Son específicas y cuantificables

- Son coherentes con tu declaración
de misión personal

- Están planificadas cuidadosamente

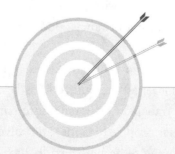

7. LAS METAS ALTAMENTE EFICACES SON RAZONABLES Y DESAFIANTES.

Las metas tendrían que hacerte estirar, crecer y salir de tu zona de comodidad. A fin de desarrollar plenamente tu potencial, debes estar dispuesto a experimentar incomodidad. Se ha sugerido frecuentemente que las personas fijan metas con una probabilidad de éxito de 50 por ciento. Tú deberías fijar metas que son alcanzables, pero que también construyan tu carácter al ejercitar la autodisciplina y perseverancia.

A fin de que tu mente subconsciente apoye tu meta, esta debe tener algún grado de credibilidad. Por ejemplo, imagina que estás manejando un Chevy que tiene quince años, pero siempre quisiste tener un Rolls-Royce. Imagínate que te detienes en un semáforo con tu Chevy y un Rolls-Royce se detiene al lado tuyo. El hecho de ver ese Rolls-Royce ¿te motivará a actuar, a ir directamente a un concesionario de Rolls-Royce? ¿Te llevará a querer estirarte realmente? ¿Sería una inspiración poderosa? Lo más probable es que no. ¿La razón? La brecha entre lo que eres ahora, una persona que maneja un Chevy, y donde quieres llegar, manejar un Rolls-Royce, está simplemente más allá de la credibilidad. Tu mente simplemente no aceptaría la idea de que podrías ser el dueño de un Rolls-Royce, porque no tiene ninguna experiencia o creencia previa existente en la cual basar tal idea. Eso no significa que no tengas ninguna esperanza. Más bien, significa que necesitas fijar algunas metas intermedias que actuarán como escalones para incrementar gradualmente tus creencias y autoestima hasta alcanzar los de una persona que maneja un Rolls-Royce. Por ejemplo, podrías primero fijar la meta de manejar uno de los coches de lujo más accesible y luego fijar otra meta de manejar el mejor Mercedes. En última instancia, podrías manejar el tipo de coche que quisieras.

Aquí tienes un ejemplo no monetario de la misma idea. Imagina que has tenido un sobrepeso de quince kilos la mayor parte de tu vida adulta. Aunque has trabajado realmente duro para sacarte de encima el exceso de peso y te has propuesto la meta de volver al peso que tenías en la secundaria, simplemente no ha ocurrido aún. Piensa que estás en tu coche en un semáforo cuando pasa una persona en excelente estado trotando. El hecho de ver a ese atleta obviamente delgado y en buen estado ¿te motivará a aumentar tu rutina de ejercicios y mejorar drásticamente tu dieta? ¿Te impulsará a estirarte? ¿Será una inspiración poderosa? Lo más probable es que no, por el mismo motivo que ver un Rolls-Royce no motiva al dueño de un Chevy. La brecha entre donde te encuentras ahora (excedido de peso y fuera de forma) y donde quieres llegar (volverte

> Tu talento, destreza y creatividad se expandirán en la medida necesaria para alcanzar el nivel de las metas que has establecido para ti. Así que ¡piensa en grande!

delgado, fuerte y en buen estado físico) está simplemente más allá de la credibilidad. Tu mente simplemente no aceptaría la idea de que podrías ser esbelto y saludable, porque no tiene ninguna experiencia o creencia previa reciente o consistente. Esto no significa que no haya ninguna esperanza para ti. Más bien, significa que necesitas fijar algunas metas intermedias que actuarán como escalones que gradualmente eleven tus creencias y autoestima a los de alguien que está en una excelente condición física. Por ejemplo, podrías primero fijar una meta de correr un agujero del cinturón o reducir una talla de vestido y luego fijar otra meta de perder cinco kilos. En última instancia, podrías ser lo delgado y saludable que desearas.

El punto es hacer que tu mente se ponga a trabajar contigo y no contra ti. **La forma de lograr esto es fijar metas que extiendan los límites, que estén apenas más allá de lo que actualmente crees acerca de ti.** Esta clase de metas activan tu creatividad natural, brindándote perspectivas para el logro que de otra forma no hubiese ocurrido. En contraste, las metas que son exageradas (al menos en este punto de tu desarrollo) traban tu creatividad y tienden a desmotivarte. A medida que ganes experiencia en la fijación de metas, al crecer tu confianza, verás cuán fácil es fortalecer incrementalmente tu creencia en ti mismo mediante la fijación y el logro de metas cada vez más desafiantes. Tal vez fijes metas que tienen sólo 20 a 30 por ciento de probabilidad de éxito, pero eso es mejor que fijar tus metas demasiado bajo. Si vas a equivocarte, equivócate del lado de apuntar demasiado alto.

8. LAS METAS ALTAMENTE EFICACES ESTÁN PLANIFICADAS METICULOSAMENTE.

Tú debes tomar medidas de acción tangibles para cada una de tus metas. Necesitas recopilar los detalles, hacer un plan, poner por escrito todas las actividades, asignarles prioridades, organizarlas y reescribirlas tan frecuentemente como sea necesario para hacer que tu plan sea perfecto. Revísalo, mejóralo, planifica y piensa sobre el papel. También es una buena idea pensar en desarrollar varios planes alternativos, como haría un buen general. Ejercita tu mente anticipando varias contingencias y decidiendo cómo responderías rápida y eficazmente. Todos los grandes líderes se entrenan para ser grandes planificadores. Para las metas más pequeñas, desarrollar un plan será un ejercicio rápido. Para las metas enormes, el proceso de planificación podrá requerir varias horas o incluso varios días.

El taller de fijación de metas

Voy a compartir contigo una fórmula poderosa, práctica y eficaz para establecer metas. Si sigues este método y si ejercitas la autodisciplina para ponerlo en práctica en forma regular, tus resultados serán fenomenales.

PASO N° 1: HAZ UNA TORMENTA DE IDEAS CON TUS SUEÑOS

Toma un bloc de papel y un bolígrafo o lápiz; o, si prefieres, siéntate frente a tu computadora o usa tu asistente personal digital. Encuentra un lugar tranquilo donde no serás interrumpido durante al menos treinta minutos. En la parte superior de la hoja en blanco escribe: "Los próximos treinta años." Ahora comienza a hacer una tormenta de ideas acerca de cada una de las cosas que alguna vez hayas querido ser, hacer o tener. Esto suele llamarse "deseos o sueños ilimitados," y es el primer paso tangible para convertirte en una persona orientada hacia las metas.

Crear esta lista no requiere más recursos que un poco de tiempo, algún esfuerzo mental y unas pocas hojas de papel. Y brindará el fundamento para una vida más exitosa, emocionante y satisfactoria. Estimulará tu creatividad y te ayudará a notar oportunidades. Al hacer la tormenta de ideas, es importante que no impongas ninguna limitación real o imaginaria, como dinero, edad, sexo, raza, familia, hijos, educación, conexiones o ninguna otra cosa. Cuídate de permitir que los límites se vuelvan excusas que terminen arruinando tus oportunidades para sacar más provecho de la vida. Como aprendimos en la lección 1, no importa cuán grande sea tu excusa favorita, alguien en alguna parte la ha pasado mucho peor y ha tenido éxito a pesar de todas las desventajas aparentes. Los límites tienen poder sobre ti y tu futuro sólo en la medida que se los permitas.

Suspende todo juicio acerca de si puedes lograr lo que quieres o si lo mereces. *¡Sólo escríbelo!*

No hay ningún límite fuera del poder de tu imaginación para la cantidad de deseos que puedes incluir en tu lista personal. La clave de este ejercicio es escribir todo lo que puedas imaginar sin dejar que tu mente se detenga. ¡Piensa en tu lista de deseos como un gran guión para la película de tu vida! Después de todo, eres el escritor, el productor, el director y la estrella. Puedes hacer que la película tome la dirección que elijas y puedes completar el guión con tanta pasión, aventura, gozo y experiencias positivas como puedas imaginar o desear. Recuerda que lo que escribes es el adelanto de los próximos estrenos de la vida.

Encontrarás que el simple hecho de realizar este sencillo proceso de tormenta de ideas producirá una sensación de entusiasmo renovado por tu futuro. Experimentarás un apasionamiento interior, un brote de vitalidad y de expectativas positivas.

Una vez que hayas puesto por escrito todo lo que podrías desear, recorre tu lista y asegúrate de tener algunas metas financieras desafiantes. Asegúrate de tener metas para tu matrimonio y otras relaciones clave. ¿Y tus metas como padre o madre? ¿Tienes metas en cuanto a tu estado físico? ¿Hay algún nuevo hábito de salud que podrías desarrollar? ¿Y tu crecimiento personal? ¿Qué cosas nuevas quieres aprender? ¿Cuántos libros quieres leer el próximo año? ¿Escribiste alguna meta espiritual? A esta altura, pero del próximo año, ¿dónde quieres encontrarte en tu fe? Si quieres hacer que ocurra, te conviene escribirlo.

Piensa en las muchas áreas de tu vida: fe, familia, salud, energía, relaciones, carrera, finanzas y desarrollo personal. Asegúrate de tener metas para cada área en la que quieres experimentar crecimiento. Para llevar una vida plenamente satisfactoria, necesitas un equilibrio de metas. Así que, sea lo que sea, escríbelo.

Una vez que hayas escrito todas tus metas, toma tiempo para considerarlas cuidadosamente en oración. Pide a Dios que te dé sabiduría acerca de qué metas seguir. Él podría traer ideas a tu mente que aún no están en tu lista, o podría mostrarte que algunos de tus sueños no concuerdan con lo mejor que tiene para ti. Como personas de fe, debemos buscar la bendición y la aprobación de Dios. Después de todo, "Si el Señor no edifica la casa, en vano se esfuerzan los albañiles" (Salmos 127:1).

Escríbelo, ¡y luego haz que ocurra!

Al menos una vez al año, revisa y repasa tu lista. Muchos de mis clientes de El Club del 1% han encontrado que este ejercicio es tan tonificante y estimulante que lo practican dos o tres veces al año. Pruébalo tú mismo y fíjate en lo que ocurre.

PASO N° 2: CREA TU ESTILO DE VIDA IDEAL

La planificación adecuada exige que mires hacia el futuro lejano y crees una vívida imagen mental de la vida que te gustaría llevar. Esto se convertirá en tu visión personal para el futuro. La cantidad de años que proyectes puede variar dependiendo de tu experiencia con metas y de tu nivel de comodidad actual. Algunos de mis clientes llegan tan lejos como a treinta años; otros van de nueve a veintiuno. El punto es ser lo más claro posible acerca de los detalles esenciales de la vida y el estilo de vida que te gustaría disfrutar en el futuro. La razón para mirar tan adelante es que, con el tiempo, terminarás allí. Para asegurarte de que tus acciones y elecciones de hoy coincidan con la vida que quieres mañana, debes comenzar con el resultado final en mente. Debes saber hacia dónde te diriges. **No puedes vivir eficazmente si sólo tienes metas de corto plazo.** Se requiere de una visión de largo plazo y de metas de largo plazo para revelar las metas de corto plazo más adecuadas. Así que considera tu vida como un todo integrado. Encara la vida con la visión general en mente y proyéctate mentalmente hacia el futuro. Intenta hacerlo al menos para nueve años.

Usando las ideas generadas de tu tormenta de ideas en el primer paso,

Preguntas para ayudarte a comenzar una tormenta de ideas

—————— Recuerda, ¡no pongas límites! ——————

- ¿Qué quieres tener?
- ¿Qué quieres ser?
- ¿Quién quieres llegar a ser?
- ¿Qué cosas extraordinarias te gustaría hacer?
- ¿Qué clase de impacto quieres tener en tu profesión?
- Si no tuvieses temor en absoluto, ¿qué tratarías de hacer?
- ¿Cómo podrías convertir uno de tus pasatiempos en un negocio?
- ¿Adónde quieres ir? ¿Con quién quieres ir?
- ¿Cuál sería la calidad del matrimonio que quisieras tener?
- Espiritualmente hablando, ¿estás yendo en la dirección correcta?
- ¿Qué quieres compartir con los demás?
- ¿Qué instituciones benéficas quieres apoyar?
- ¿Cuánto dinero quieres donar en el transcurso de tu vida?
- ¿Cómo podrías aprovechar mejor tu genio para servir y beneficiar a los demás?
- ¿Te gustaría practicar paracaidismo o buceo? ¿Qué otras actividades te gustaría probar?
- ¿Te gustaría tener un entrenador personal? ¿Y qué te parece un entrenador personal para el éxito?
- ¿Qué experiencias quieres tener con tus hijos antes de que vayan a la universidad? ¿Y después de la universidad?
- ¿Hay alguna persona famosa a la que quieras conocer personalmente? ¿Quién es?
- ¿Te gustaría llegar a ser famoso? ¿Sobresaliendo en qué?
- ¿Cuánta pasión quieres tener en tu matrimonio?
- ¿Te gustaría convertirte en millonario? ¿Y qué te parece convertirte en billonario?
- ¿Quieres trabajar para otra persona por el resto de tu vida?

Más preguntas para la tormenta de ideas

- ¿Cuál te gustaría que fuese tu patrimonio neto cuando te jubiles?
- ¿A qué edad te gustaría jubilarte?
- ¿Qué cosas nuevas te gustaría aprender?
- ¿Cuán involucrado podrías estar en la vida de tus hijos y de tus nietos?
- ¿Te gustaría vencer el temor a hablar en público?
- ¿Qué cualidades te gustaría desarrollar?
- ¿Qué cosas tontas te gustaría hacer?
- Si tuvieses tiempo, talento, recursos financieros, conocimiento, confianza en ti mismo y apoyo de tu familia ilimitados, ¿en qué cambiaría tu vida?
- ¿De qué cosa te gustaría ser testigo en el transcurso de tu vida?
- ¿Qué cosa extraordinaria te atreverías a intentar si supieras de manera absoluta que no podrías fallar?

haz una descripción escrita de dos o tres párrafos de tu estilo de vida ideal. Una simple lista de frases está bien también. Escribe en tiempo presente, como si lo que estás describiendo ya fuera verdadero.

Asegúrate de incluir detalles acerca de tu salud, matrimonio, fe, principales logros, cosas por las que estás agradecido, pasatiempos, nivel de energía, patrimonio, cantidad de tiempo libre, tranquilidad mental y cualquier otra cosa que te venga a la mente. Ahora toma nota de los hitos más obvios que necesitas ver a lo largo del camino a fin de experimentar la vida que acabas de describir. Puedes considerar estos puntos de referencia como las submetas que se necesita cumplir antes de que tu visión a largo plazo se convierta en realidad.

PASO N° 3: DA EL SALTO DE TRES AÑOS

Ahora que tienes algunas ideas acerca de tu futuro, abordemos el mediano plazo creando metas claras, específicas, cuantificables, alcanzables

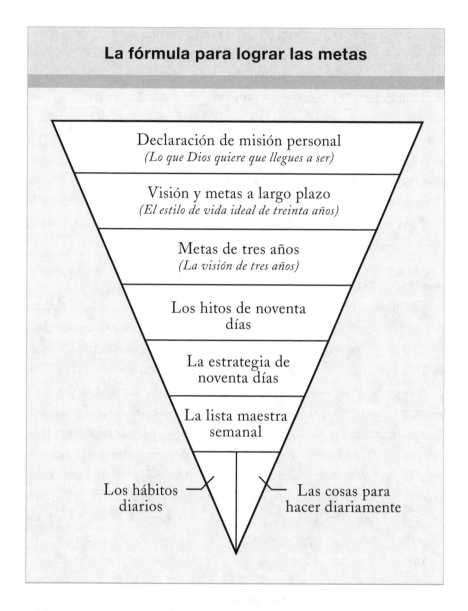

La fórmula para lograr las metas

Declaración de misión personal
(Lo que Dios quiere que llegues a ser)

Visión y metas a largo plazo
(El estilo de vida ideal de treinta años)

Metas de tres años
(La visión de tres años)

Los hitos de noventa días

La estrategia de noventa días

La lista maestra semanal

Los hábitos diarios

Las cosas para hacer diariamente

y, lo más importante, escritas para tres años junto con sus correspondientes planes para lograrlas. He descubierto que tres años es la cantidad de tiempo perfecta para administrar y hacer cosas realmente grandes con tu vida. Es la cantidad de tiempo ideal para visualizar tu vida como significativamente diferente. **Tres años es tiempo suficiente como para lograr algunas metas gigantescas pero no tan lejos como para que pierdan tu**

fuerza motivadora. Tus metas para tres años, estirándote desde hoy hacia tres años en el futuro, tienen el objetivo de ser submetas o hitos en el camino hacia tu visión de largo plazo. Asegúrate de que estén alineadas preguntándote: "El logro de estas metas ¿me conducirá a mi visión?" De ser así, ¿exactamente cómo? Haz una doble verificación contigo mismo preguntándote: "El seguir mis metas para tres años ¿representa la mejor ruta para mi visión de largo plazo?" Después de todo, tu visión del futuro debería determinar tus metas para tres años.

Una vez que hayas establecido que tus metas para tres años te llevarán hacia tu visión, es hora de convencerte de por qué estas metas son tan importantes.

PASO N° 4: CONVÉNCETE

A continuación, haz una lista de las recompensas que recibirás por lograr tus metas. ¿Qué obtienes al lograrlas? ¿Por qué quieres lograr esas metas? Recuerda que cuantas más y mejores razones tengas, más motivado estarás. Cada meta ofrecerá recompensas tangibles y beneficios intangibles. Piensa en las emociones que disfrutarás como resultado de lograr cada meta y piensa en las recompensas materiales que recibirás. Ponlas por escrito. Exagera un poco. Cuanto más poderoso puedas hacer este propósito —tu "por qué"— mejor. Asegúrate de tener suficientes razones para lograr tus metas; si tienes suficientes, puedes lograr cualquier cosa. Recuerda que las razones preceden a las respuestas. Primero determina el "qué." Luego descubre el "por qué," ¡y después el "cómo"! Cuando sabes lo que quieres y por qué lo quieres, siempre puedes encontrar una forma de hacer que suceda.

PASO N° 5: PLANIFICA SOBRE EL PAPEL

La planificación es el sello distintivo del ser humano maduro, responsable y confiado. De hecho, prácticamente todos los fracasos pueden deberse a la falta de una planificación adecuada.

La planificación es el acto deliberado de traer el futuro al presente de forma que puedas hacer algo acerca del futuro ahora mismo. **Debes cambiar tus hábitos y otros comportamientos *ahora* para cosechar**

recompensas en el futuro. Si quieres que tu futuro sea diferente, debes hacer cosas de otra forma en el presente. **¡Las cosas no mejoran solas!** Debes hacer algo distinto para producir los nuevos resultados que estás buscando.

Muchas personas no entienden lo que es la planificación. Interpretan la palabra *planificación* simplemente como transferir a su calendario varias citas y la lista de cosas por hacer escritas en sobres de correspondencia, servilletas de papel y notas adhesivas, sin ninguna consideración por las metas de largo plazo o por una misión personal.

Planificar significa evaluar tu vida a la luz de dónde has estado, dónde

> Los grandes líderes poseen una tremenda claridad a largo plazo con respecto a lo que están tratando de lograr personalmente y en sus carreras. Y es esta perspectiva a largo plazo la que desarrolla el carácter, la sabiduría y la autodisciplina. El pensamiento a largo plazo es el sello distintivo de una vida de alto rendimiento. Sin embargo, a menudo se lo descuida en favor de las actividades urgentes del momento.

te encuentras ahora y dónde quieres ir. **Debes estar dispuesto a cuestionar la forma en que has administrado tu vida hasta ahora.** La planificación eficaz te permite evitar la administración de la vida por crisis. Las crisis distraen tu atención de las personas y actividades esenciales de tu vida y casi siempre son el producto de una planificación inadecuada. La planificación sistemática, de largo plazo, anual, trimestral, mensual, semanal y diaria es absolutamente crucial para tu éxito. Recuerda que todas las personas exitosas planifican sobre el papel. Las personas no exitosas simplemente "no logran encontrar el tiempo."

Sé consciente de que los planes raramente son 100 por ciento precisos. Sin embargo, no debes caer en la trampa de pensar: "Bueno, ya que no puedo tener un plan perfecto . . . ya que no puedo eliminar todas las interrupciones . . . ya que no puedo eliminar todas las urgencias . . . ¿por qué molestarme en eliminar alguna de ellas?" Esa es una lógica torcida y una excusa para no intentar. Deshazte de cualquier tendencia que tengas hacia un perfeccionismo mal orientado y concéntrate en cambio en la planificación estratégica que llevará tu vida a un nivel más alto. Invierte un tiempo considerable en tu plan. Recuerda que estarás reescribiendo, revisando y mejorando tu plan a medida que avances hacia tus metas.

El punto de partida para la planificación a tres años es visualizarte ya en posesión de tus metas para los tres años y luego trabajar retrospectivamente hacia el presente. Esto significa que debes proyectarte mentalmente hacia el futuro, al momento y al lugar en que cada meta será una realidad. Desde este punto de observación, mira hacia atrás, hacia el presente, y evalúa críticamente los pasos que debes dar para alcanzar la meta. Este ejercicio de "vuelta del futuro" agudiza tu percepción y solidifica tu estrategia. Desarrolla el hábito del pensamiento basado en resultados, u orientación a los resultados. Esto es útil para tus metas de corto plazo así como para tus principales metas para la vida. Alimenta constantemente tu mente con una imagen vívida del resultado final al cual estás aspirando. Luego desarrolla tu plan trabajando desde el logro de una meta retrospectivamente hacia el presente.

Tus metas para tres años deberían ser, en esencia, pasos de acción o submetas que conduzcan a tu visión de largo plazo. Es fácil hablar de lo que queremos, pero lo difícil es poner los planes sobre el papel, donde realmente significan algo.

Así que, desde la perspectiva de haber alcanzado tus metas para tres años, comienza a trabajar hacia atrás, al día de hoy. Piensa en lo que debe lograrse para el final del segundo año y luego para el final del primer año. En este punto, al final del año uno, tienes un conjunto de metas para un año. A fin de traducirlo a la acción, piensa en lo que necesitas lograr en el cuarto trimestre. ¿Qué necesitas lograr para el tercer trimestre? ¿Y para el segundo trimestre? Y finalmente, ¿en el primer trimestre? Este es el concepto básico de la planificación estratégica. Como ves, estamos contando hacia atrás en el tiempo desde una meta de alcance mediano hacia un plan de acción inmediato. Hemos pasado de tres años de camino a retroceder hasta el final del año actual y así sucesivamente, al tercer, segundo y primer trimestre, creando una lista cronológica de escalones que terminarán produciendo el logro de tus metas para tres años.

PASO N° 6: HAZ UNA LISTA DE RECURSOS DISPONIBLES

A continuación, escribe todos los recursos que tienes a tu disposición para ayudarte a alcanzar tus metas para tres años. ¿Qué personas o cosas podrían ayudarte? ¿Qué libros, CDs, mentores, entrenadores, seminarios, información, tecnología u otros recursos podrías usar para alcanzar tus metas? Identifica las organizaciones y grupos con los cuales podrías necesitar crear alianzas estratégicas.

PASO N° 7: HAZ UNA LISTA DE OBSTÁCULOS POTENCIALES

Ahora que has puesto por escrito todos los recursos potenciales, toma un momento para pensar en las cosas que podrían impedirte alcanzar tus metas. ¿Tienes algún hábito, actitud o creencia que podría obstaculizar tu progreso? ¿De qué forma necesitarás cambiar y crecer personalmente antes de que puedas alcanzar esta meta? ¿Y tus finanzas? ¿Qué de tus destrezas sin desarrollar? ¿Has dominado la destreza vital de la administración del tiempo? ¿Qué otras cosas podrían impedir que alcances esta meta? ¿Qué podría salir mal?

Haz una lista de todos los obstáculos posibles que podrías encontrar. Piensa

> Imagínate a ti mismo habiendo alcanzado tus metas. Párate sobre una montaña y mira hacia abajo, al lugar donde comenzaste. Observa lo que has logrado para alcanzar tu meta. ¿Cuál fue el último paso que tomaste? Escríbelo. ¿Cuál fue el paso anterior al último? Escríbelo también. Reconstruye tus pasos hacia el pie de la montaña escribiendo cada uno de ellos. Las palabras que escribas constituirán tus puntos de referencia al trepar la montaña y alcanzar tus metas en la realidad.

en esto como una preparación de contingencia o una planificación de anticipación de crisis e incluye cualquier cosa que podría impedirte alcanzar una meta. Esto podrá parecer pesimista, pero los obstáculos no son necesariamente negativos. Depende de cómo los interpretas y qué haces con ellos. Si pones por escrito los obstáculos y miras detenidamente cada uno, a menudo encuentras que muchos ni siquiera existen. Y otros obstáculos que aparecen como enormes en tu mente tienden a reducirse cuando están escritos en una hoja.

Los obstáculos fortalecen tus músculos para el logro de metas.
Tienen la materia prima para las oportunidades emocionantes. Toda
meta importante o valedera tiene barreras. Si no las tiene, no es ni siquiera una meta; es simplemente una ocupación que no traerá demasiadas recompensas.

PASO N° 8: IDENTIFICA FORMAS DE VENCER LOS OBSTÁCULOS

El paso siguiente es hacer una lista de algunas soluciones para ayudarte a vencer los obstáculos que acabas de poner por escrito. Considera cada obstáculo como un problema que espera ser resuelto y
encara cada uno suponiendo que ya tienes una buena solución. Si bien
tal vez no nos demos cuenta, frecuentemente nos enfrentamos cara
a cara con el preciso obstáculo que necesitamos en el momento justo
para agudizarnos donde más lo necesitamos. Todos los desafíos, si
son abordados directa y rápidamente, nos harán más fuertes, mejores
y más sabios.

Los desafíos y contratiempos están hechos para enseñarnos algo.
Nos preparan para desempeñarnos más eficazmente en el siguiente
nivel. Así como es nece-
sario levantar una pesa de
75 kilos antes de intentar
100 kilos, también es ne-
cesario superar obstáculos
a lo largo de la senda hacia tus metas. Cuanto más ambicioso seas, te
encontrarás con más desafíos. De nuevo, muchas veces surgen grandes
oportunidades cuando te encuentras con obstáculos, y estas oportunidades se vuelven más aparentes cuando mantienes una actitud positiva
e imaginativa y cuando te tomas el tiempo para analizar la situación en
un estado de ánimo relajado. Parafraseando a Booker T. Washington,
el éxito no se mide tanto por nuestros logros en la vida sino por lo que
hemos tenido que superar en el proceso. Recuerda que somos orga-
nismos hechos para luchar hacia una meta. Estamos diseñados para
resolver problemas; funcionamos mejor y somos más felices cuando
nos movemos hacia una meta.

> Recuerda que tus hitos de noventa días
> te llevarán a lograr tus metas de tres
> años.

SEGUIMIENTO LUEGO DEL TALLER

Para implementar y coordinar un sistema concreto para seguir tus actividades dirigidas hacia metas, usa tres listas: Primero, mantén una lista estratégica trimestral de todo lo que debes hacer para lograr cada uno de tus hitos de noventa días. Elige los elementos más importantes de esa lista

Hermanos míos, tened por sumo gozo cuando os halléis en diversas pruebas, sabiendo que la prueba de vuestra fe produce paciencia. *(Santiago 1:2-3, RV60)*

para crear tus objetivos mensuales en una lista semanal maestra. A continuación, planifica cada día a partir de tu lista semanal. Como resultado, pasas de una lista estratégica larga y trimestral a una lista semanal maestra y a unos pocos ítems manejables para cada día, todos los cuales te conducen hacia tu visión de tres años.

Lección 3: Preguntas para reflexionar

¿En qué áreas de tu vida has crecido más en los últimos diez años?

¿En qué áreas de tu vida has crecido menos en los últimos diez años?

¿Por qué piensas que no se hace un mayor énfasis en las metas en la escuela o en la iglesia?

¿Cuáles podrían ser los beneficios de presentarles a tus hijos la fijación de metas temprano en la vida?

¿Cómo visualizas que un matrimonio podría ser fortalecido a través de la fijación de metas?

¿A quién puedes influenciar con las ideas de esta lección en las próximas cuarenta y ocho horas?

LECCIÓN 3: TAREAS

1 | Haz una tormenta de ideas de 150 metas para los próximos treinta años de tu vida y ponlas por escrito.

2 | Elige cinco metas en las cuales centrarte los próximos tres años. Asegúrate de tener un conjunto de metas bien equilibrado.

3 | Usando la técnica de "vuelta del futuro," escribe en un papel cómo lograrás tus metas.

4 | Comienza el poderoso hábito de reescribir tus cinco principales metas cada mañana.

LECCIÓN 4

Elige invertir tu tiempo sabiamente

No puedes crear más tiempo;

sólo puedes tomar mejores decisiones

En esta lección aprenderás a:

- Minimizar el tiempo desperdiciado

- Trabajar de manera más inteligente

- Reducir el estrés

- Mantenerte organizado

- Experimentar la paz interior

- Poner en práctica veintiún maneras
  de ahorrar tiempo

Las páginas siguientes brindan poderosas estrategias de administración del tiempo, utilizables y altamente eficaces, que han tenido un efecto drástico en la vida de mis clientes de El Club del 1%, así como para incontables otras personas altamente exitosas.

En algunos casos, podrás implementar estas ideas inmediatamente. En otros, tal vez no te encuentres aún en condiciones de poner en práctica estas tácticas. Afortunadamente, puedes encarar las ideas que siguen como lo harías con una gran cena bufé. Así como no comerías todo lo que hay en el bufé —al menos, no deberías hacerlo—, no es necesario ni recomendable que intentes aplicar cada una de las tácticas que tratamos en este capítulo. Quisiera que te concentres en la parte más "nutritiva" y más ignorada de la administración del tiempo, que es lo que llamo Tiempo Vital. Estas son las actividades que suelen ser desplazadas de tu agenda por la urgencia adictiva del diario vivir. Se ha dicho que todo comportamiento es una expresión del carácter de una persona. Cuando comiences a poner en práctica algunas de estas recomendaciones, te liberarás para dedicarte al Tiempo Vital, que a su vez te permite expresar quién eres y en qué crees. **Recuerda que el propósito de la administración del tiempo es mejorar la calidad y el equilibrio de tu vida, ¡y no simplemente acelerarla!**

Si quieres minimizar el tiempo perdido, trabajar más inteligentemente, aprovechar al máximo tus capacidades productivas y experimentar más Tiempo Vital, entonces esta lección es para ti. Si quieres trabajar menos pero ganar aún más, esta lección es para ti. Estas páginas contienen ideas y técnicas prácticas.

Cada estrategia presentada ha sido probada bajo condiciones reales y ha demostrado ser utilizable en el entorno desafiante de la vida moderna. De hecho, muchas de las técnicas que estás a punto de aprender son las que he puesto en práctica para completar este libro. Luego de terminar

**Incentivador de
Ahorro de Tiempo #1**

Informa a cada individuo lo que cinco minutos de pérdida de tiempo representan anualmente para una empresa. Relaciona esos números con las ganancias y los salarios.

este proyecto, que requirió incontables horas de investigación, escritura, edición y todavía más edición (lo que tuve que hacer aparte de mis compromisos previos y mi agenda ya repleta), estoy más convencido que nunca de la validez de las ideas que estoy por compartir contigo. Son evidencia de mi triunfo personal sobre la tendencia de dejar las cosas para después y las demás distracciones, reales e imaginarias, que retienen a la mayoría de las personas. Si aplicas estos principios en forma consistente y diligente tendrás más tiempo para ti, para tu familia y para tus amigos.

Con los demás capítulos de este libro, te recomiendo que los leas de principio a fin, capturando el alcance completo de los principios que he presentado, contestando las preguntas y completando las tareas. En cambio, te aliento a hojear este capítulo, mirando los títulos en negrita y seleccionando las secciones que te parezcan más pertinentes e importantes dado el lugar donde te encuentras en la vida ahora mismo, y especialmente a la luz de dónde quieres encontrarte en el futuro. Este capítulo fue escrito no sólo para equiparte sino también para desafiarte a elevar el criterio en tu propia vida. Si bien tal vez no puedas poner en práctica cada recomendación (como la delegación), hay algo para todos en este capítulo (como formas de superar la procrastinación), y eso te incluye a ti. A medida que avances por las páginas que siguen, pregúntate continuamente: "¿Cómo podría usar este principio? ¿Cómo podría funcionar esto para mí ahora mismo? ¿Cómo podría volverme un mayordomo más eficaz de mi tiempo?"

¿Qué es el tiempo?

El tiempo es un recurso único: invisible, inalterable e irrefrenable. Todos tienen la misma cantidad de tiempo. Tú y yo debemos vivir con 86.400 segundos, 1.440 minutos o 24 horas cada día. Significa 168 horas a la semana, unas 720 horas al mes, 8.640 horas al año, 177.800 horas a lo largo de los próximos veinte años y unas 691.200 horas en la vida, si una persona alcanza los ochenta años. Y cada segmento de tiempo que recibimos debe ser consumido instantáneamente.

Antes de seguir avanzando, déjame señalar que la naturaleza humana es el gran rival de la eficacia personal. Habitualmente llevo a cabo talleres y seminarios de administración del tiempo para organizaciones grandes y pequeñas en una gran variedad de industrias. Inevitablemente, no importa cuál sea el público que me toque, escucho los mismos clamores:

- "Pero nuestra situación es única."

- "Nuestra empresa es tal que es imposible planificar adecuadamente, delegar, organizar, llevar a cabo reuniones eficaces o practicar otros hábitos de administración de tiempo sólidos y probados."

- "Esto no funcionaría para nosotros porque . . ."

¡Tonterías! Déjame traducir lo que estos pesimistas quieren decir realmente: "Debido a la naturaleza de nuestro negocio específico, nos vemos forzados a operar ineficientemente." Piensa en esto un segundo. "Debido a la naturaleza de nuestro negocio específico, nos vemos forzados a operar ineficientemente." ¿Acaso no suena algo disparatado?

El tema común de estos comentarios no es otro que la naturaleza humana. Todos los seres humanos tienen una tendencia natural a resistir el cambio y nada es tan desafiante como cambiar un hábito malo o autodestructivo. Queremos que nuestra vida y nuestro negocio mejoren, pero a veces no lo suficiente como para estar dispuestos a cambiar. Pero recuerda esto: Si quieres que algún área de tu vida mejore, tú debes mejorar. Esto significa que debes estar dispuesto a reemplazar hábitos poco sistemáticos por los hábitos del éxito y el desempeño óptimo.

Hace miles de años, Aristóteles nos recordó que "somos lo que hacemos repetidamente." Y si te comprometes a aplicar repetidamente los principios de esta lección, ¡te asombrará la diferencia!

No caigas en la trampa de pensar que tus restricciones de tiempo son únicas e inmanejables.

**Incentivador de
Ahorro de Tiempo #2**

Trata de encontrar un lugar conveniente donde poder retirarte sin ser molestado. Puede ser en el edificio en el cual trabajas, en tu casa, cerca de tu casa y aun en tu auto mientras estacionas en un lugar tranquilo.

No importa dónde o cómo estás viviendo actualmente. Puedes vivir en un apartamento subsidiado por el estado, en una mansión sobre una colina, o en algún punto intermedio, pero hay una cosa que se mantiene constante: **No importa quién seas, tu progreso y éxito en la vida dependerán, más que cualquier otro factor, de cómo inviertes las veinticuatro horas con las que eres bendecido cada día.** En efecto, contrario a la creencia popular, no son sólo las personas más talentosas, dotadas, con buena educación, ricas o privilegiadas las que logran resultados sobresalientes en la vida. Ni son las más inteligentes, las que trabajan más duro o las más creativas. El éxito en la vida surge de una cosa: decidir exactamente qué es lo que quieres lograr y luego elige deliberadamente invertir los minutos y las horas de tu vida en hacer aquellas cosas que te lleven en la dirección de tus metas. Esta lección te dará las habilidades básicas para hacer precisamente esto.

Si estás dispuesto a aprovechar la oportunidad, puedes aprender a administrar el tiempo, así como puedes aprender a usar una computadora, practicar un deporte o cualquier otra habilidad que desees dominar. Cuanto más ambicioso seas, mejor deberías ser en exprimir hasta la última gota de utilidad de cada minuto que tienes a tu disposición. Si no aprovechas al máximo cada hora o incluso cada minuto, nunca tendrás una segunda oportunidad. Recuerda que, no importa si lo quieres reconocer o no, muchas personas están aún más ocupadas que

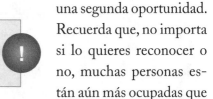

Tiempo Vital es la cantidad de tiempo que inviertes en actividades basadas en tus principios, valores y metas.

tú, pero logran más, hora tras hora, día tras día. Obviamente no tienen más tiempo. Simplemente aprovechan mejor el tiempo que tienen. ¡Y tú puedes hacerlo también!

Tu autoimagen afecta la forma en que administras el tiempo

Para crear Tiempo Vital, debes entender cómo la imagen interna que tienes de ti afecta tu capacidad para hacer el mejor uso de tu vida. Tu autoestima afecta la forma en que usas tu tiempo porque cuando crees que puedes administrar bien tu tiempo, te sientes en control en lugar de sentir que estás simplemente reaccionando a las presiones externas. Tú tienes la capacidad de organizar los acontecimientos de tu vida de forma que tengan sentido. El primer paso para volverte una persona en control, alguien que es un sobresaliente administrador de su tiempo, es explorar y mejorar tu autoimagen.

Tu autoimagen, formada principalmente a partir de tu entorno, es el mecanismo subconsciente responsable de guiar tu comportamiento. **Siempre actuamos de forma consecuente con la imagen que tenemos de nosotros mismos.** Si te ves como alguien excesivamente ocupado con demasiadas cosas que hacer, alguien que es desorganizado o que trabaja demasiado duro, entonces los intentos de manejar tu tiempo serán en vano. Tu débil autoimagen limita tus capacidades y obstaculiza tus esfuerzos por controlar tu tiempo. De hecho, no puedes esperar comportarte de forma diferente a la programación de tu autoimagen, así como no puedes esperar poner un pastel de chocolate en el horno y sacar una hora más tarde un pastel de manzana. Sólo sacas lo que pones dentro.

Tu autoimagen regula tu comportamiento de igual forma que un termostato controla la temperatura ambiental. Determina cómo usas tu tiempo, tu conocimiento, tus habilidades y tus experiencias. Muchas veces, no cuestionamos la validez de nuestra autoimagen. Simplemente nos comportamos como si fuera cierta.

La clave para convertirse en un administrador del tiempo sobresaliente es comenzar a pensar y hablar de ti mismo como un administrador del tiempo sobresaliente. Por ejemplo, si alguien te pregunta acerca de tu día, podrías decir: "Hoy es el mejor día que he tenido jamás. He administrado mi tiempo perfectamente. No tengo tiempo para contarte más ahora porque tengo cosas para hacer." Vocaliza, verbaliza y luego actualiza.

Al cambiar tu terminología cambias tu autoimagen. Al cambiar tu autoimagen cambias tu actitud. Y al cambiar tu actitud

Incentivador de Ahorro de Tiempo #3

Durante tus descansos en el trabajo, o cuando estés realizando otras actividades, utiliza las escaleras. Es una manera excelente de maximizar tu tiempo y de quemar calorías extra al mismo tiempo.

cambias tus acciones. A menudo me gusta decir: "La actitud es más importante que los hechos." Para desarrollar la actitud correcta, pregúntate: "¿Cómo actuaría si ya fuera un excelente administrador del tiempo? ¿Cómo actuaría si fuera el administrador del tiempo más eficaz del mundo?"

Imagina que alguien te ofrece cincuenta mil dólares para representar el papel de un excelente administrador del tiempo en una película. ¿Cuáles son algunas de las cosas que harías? Bueno; te sentarías erguido, tendrías tu escritorio organizado, te moverías rápidamente, trabajarías en una cosa a la vez y a partir de una lista, verificarías tus correos electrónicos de forma proactiva y según una agenda, anticiparías y estarías preparado para las interrupciones. Como dice Hamlet: "Asume una virtud, si no la tienes."[1] Si empiezas a actuar como un excelente administrador del tiempo, aparentando realmente que ya eres un modelo de eficiencia personal, los hábitos se fijarán a ti como con pegamento. Pronto te convertirás en un excelente administrador del tiempo en la realidad.

El tiempo de tu vida

Siempre hay suficiente tiempo para lograr lo que Dios quiere que logres. Ese fue un consejo que me inculcaron temprano en la vida. Es un poco severo, pero expresa una gran verdad. Nunca hay suficiente tiempo para hacer todo, pero hay suficiente tiempo para hacer las cosas correctas. Determinar cuáles son las pocas cosas correctas puede ser un poco difícil, especialmente cuando estamos rodeados por una avalancha de tendencias y sugerencias culturales de corto plazo. El ruido de la sociedad moderna puede distraer y desviar sutilmente aun al más dedicado de nosotros. Uno de los aspectos más curiosos de la naturaleza humana es que no logramos encontrar tiempo para fijar proactivamente prioridades claras, pero incluso dilapidamos más tiempo de manera reactiva

**Incentivador de
Ahorro de Tiempo #4**

Mide tu tiempo en pequeñas fracciones, como, por ejemplo, quince minutos. Después de todo, así lo hacen los abogados. Eso ayuda a crear consciencia, prontitud e impulso.

"No tuve tiempo"

Se ha dicho que tres palabras simples describen la mediocridad con mayor exactitud: *"No tuve tiempo."* Ni tú ni nadie más podría tener una excusa más perjudicial con respecto al éxito. Cuando le dices a alguien que no tuviste tiempo, simplemente reafirmas la convicción de que no se puede confiar en ti para completar el trabajo. Y cuando te dices a ti mismo que no tuviste tiempo, estás socavando tu credibilidad interior y fortaleciendo una imagen propia de bajo rendimiento e irresponsabilidad.

———— ∞ ————

para tratar con los embrollos inevitables creados por este descuido. ¿Estás viviendo deliberadamente ahora mismo? Esa pregunta apunta a la esencia de la administración del tiempo.

Como vimos brevemente en la lección 1, uno tiende a tomar decisiones sabias cuando toma en cuenta el horizonte temporal más largo. Cuando consideras una oportunidad y dices: "Me pregunto cómo me afectará esto en los próximos diez, veinte años, o aún más," tiendes a estar muy satisfecho con sus decisiones. Por otro lado, tus mayores lamentos suelen originarse cuando consideras sólo un breve lapso, como un año, un mes, una semana o incluso los próximos quince minutos. Reflexiona por un instante en las elecciones que te gustaría volver a tomar si pudieras hacerlo y que fueron producto de una perspectiva de corto plazo. Las fallas de integridad están íntimamente relacionadas con el pensamiento de corto plazo. Es raro que el carácter se doblegue cuando las consecuencias de largo plazo se ponderan suficientemente. Luego de elegir una perspectiva de largo plazo, es crucial rodearte de otras personas que compartan tu fuerte compromiso con las mismas prioridades. Con el transcurso del tiempo, y a veces rápidamente, asumimos los valores, hábitos y actitudes de las personas con las que pasamos más tiempo. Si tus amigos y colegas transigen en temas que son importantes para ti, sólo es cuestión de tiempo antes de que tú recibas esa influencia. ¿Con quiénes estás invirtiendo la mayor parte de tu tiempo? ¿Te están llevando en la dirección de tu pleno potencial?

Todos sabemos adónde nos llevarán probablemente las buenas intenciones. Hay cierto camino bien transitado que está pavimentado con ellas. Las intenciones agradables y otros buenos pensamientos son sólo un punto de partida, un comienzo y no una línea de llegada. Además, la mayoría de nosotros tiene intenciones valederas. Ese no es el problema. La cuestión es si has modificado la forma en que usas tu tiempo para llevar a cabo esas intenciones. ¿Cómo te has posicionado para cumplir con tus promesas y honrar tus compromisos? ¿Te has preparado para el éxito probable o has debilitado tu probabilidad de vivir alineado con lo que es más importante? Toma un instante para recorrer tu vida y determinar tus prioridades. ¿Cuáles son las cinco prioridades máximas en tu vida y cómo están ordenadas? ¿Colocas tu trabajo antes que tu salud? ¿Pones a los hijos antes de tu matrimonio? ¿Permites que la mucha actividad te impida tener tiempo para estar con Dios? ¿Te haces preguntas como estas frecuentemente? ¿Cuáles son las consecuencias a largo plazo de poner tus prioridades en el orden equivocado?

El poder de 15

¿Qué podrías hacer para mejorar tu vida si sólo tuvieras quince minutos adicionales cada día? Tal vez quieras leer algo edificante o tal vez analizar tus metas más importantes. Tal vez quieras estirar la parte inferior de tu espalda o hacer una caminata rápida. Tal vez quieras convertir estos quince minutos adicionales en un tiempo de oración o para escribir en tu diario. Tal vez este tiempo extra podría ser usado para completar gradualmente un proyecto abrumador que esté atascado o para planificar mejor el día siguiente. Tal vez quieras jugar un juego rápido con tus hijos o escribir una nota a un amigo especial. Si lo piensas un poco, sólo quince minutos al día pueden cambiar tu vida. Estoy seguro de que puedes encontrar estos quince minutos "extra" en algún momento de tu día. Piensa en la posibi-

lidad de recortar quince minutos de tiempo diario de televisión o de leer el periódico y reasignarlos a una actividad de mayor priori-dad. O piensa en la posibilidad de despertarte quince minutos an-tes, o quedarte levantado quince minutos más tarde. Posiblemente puedas sacarle quince minutos a tu rutina de almuerzo. Si buscas estos quince minutos adiciona-les, los encontrarás. Te desafío a reasignar sólo quince minutos al día, siete días a la semana, para una actividad de mayor valor. En tres meses, esos quince minutos

Incentivador de Ahorro de Tiempo #5

Si tienes un juego de llaves para cada grupo de cerraduras, lo más probable es que en algún momento no cuentes con la llave precisa. Prepara un juego de lla-ves con las más importantes y luego prepara los juegos de du-plicados que sean necesarios. De esta manera, no importa qué juego de llaves elijas, nunca te encontrarás sin poder ingresar a tu casa, tu oficina, o al auto que manejas. Deja siempre tus llaves en el mismo sitio para que puedas tomarlas rápidamente.

acumularán 22,5 horas adicionales. Y, en tres años, esos breves quince minutos sumarán más de once días adicionales de veinticuatro horas, o treinta días adicionales de nueve horas. Afortunadamente, ya tienes estos días adicionales, pero ¿cómo elegirás invertirlos? Vale la pena pensar en esto, ¡porque es el tiempo de tu vida!

Diez recomendaciones

No importa dónde te encuentres en la vida, o qué restricciones tengas en la forma de usar tu tiempo, las siguientes diez recomendaciones te ayudarán a vivir con propósito y aprovechar al máximo las veinticuatro horas que recibes cada día.

1 | **Conoce las metas de tu vida.** Cubrimos esto en la lección 3, pero vale la pena señalar que nada dilapida más tiempo que no tener un conjunto de metas claras para tu vida, para el año, para la semana y para el día.

2 | **Cada noche, haz una lista de "cosas para hacer" prioritarias para el día siguiente.** Dormirás mejor, te despertarás con más entusiasmo y serás un mejor mayordomo de tu tiempo durante todo el día.

3 | **Despiértate temprano, antes de que tus obligaciones y responsabilidades empiecen.** Organiza tu tiempo de sueño y despiértate de forma que tengas al menos quince a treinta minutos para ti antes de tener que vestirte, ocuparte de los niños y salir para el trabajo. Un tiempo de intermedio en la mañana te pone a ti, y no a las circunstancias frenéticas, al control de tu día.

4 | **Predetermina una o dos veces en el día para devolver la mayor cantidad de llamadas telefónicas y correos electrónicos que puedas.** Esto significará, para la mayoría de las personas, un ahorro de entre veinte y treinta minutos al día que normalmente se desperdiciarían.

Trataremos esto desde un punto de vista de negocios un poco más adelante en el capítulo.

5 | **Agrupa la mayor cantidad posible de tus diligencias diarias o semanales** de forma de no perder tiempo por simple ineficiencia.

6 | **Piensa en tus relaciones como inversiones preciosas.** He observado en mi experiencia de entrenamiento que no hay nada peor que el lamento causado por mirar hacia atrás y darte cuenta de que has pasado demasiado tiempo con las personas equivocadas. A la luz del propósito de Dios para tu vida, ¿estás invirtiendo el tiempo suficiente en las relaciones correctas?

7 | **¡Evita a toda costa la mentalidad de la solución rápida!** En cambio, tómate el tiempo necesario para hacerlo bien la primera vez. Si no tienes tiempo para hacerlo de forma excelente la primera vez, ¿tendrás tiempo para volver a hacerlo? Tomar atajos ahorra tiempo hoy, pero te costará aún más tiempo en el futuro.

8 | **Recorta premeditadamente algo de tu vida cada año, o tal vez cada trimestre.** Abandona lo más rápido y cortésmente que sea posible aquellas obligaciones, proyectos, hábitos y compromisos que has llegado a darte cuenta que ya no sirven al propósito que Dios te ha dado. ¿Qué cosa, grande o pequeña, podrías abandonar hoy que nunca echarías de menos siquiera?

9 | **Aíslate lo suficientemente de las distracciones.** Serás una mamá, un papá, un esposo, una esposa o un socio comercial mucho más efectivo si rutinariamente tienes algún espacio o margen donde puedas pensar tranquilamente y ocuparte proactivamente de ti sin

ser interrumpido por otros. Luego programa tiempo diariamente o semanalmente para tratar con las personas, los proyectos y las prioridades importantes de tu vida.

10 | **¡Recuérdate constantemente que el tiempo equivale a vida!** Considera cada hora del día como un regalo. Mantente consciente de tu tiempo así como un atleta de primer nivel está consciente de su dieta. Evalúa rápidamente cada día en menos de dos minutos preguntándote: "¿Qué anduvo bien hoy? ¿Qué no anduvo tan bien? ¿Qué haré de forma diferente mañana?"

Recuerda que tu capacidad para administrar tu tiempo eficientemente afecta tu matrimonio, tu función como padre o madre, tu estado físico y tu potencial para influir en el mercado.

Tácticas de Tiempo Vital

Las siguientes diez tácticas te ayudarán a administrar tus responsabilidades de trabajo más eficientemente. Como resultado, podrás disfrutar de más Tiempo Vital. De hecho, el objetivo de todo este capítulo es ayudarte a crear más Tiempo Vital, en el trabajo y especialmente en el hogar. En mi vida, por ejemplo, estoy constantemente luchando por aumentar el tiempo que invierto con mis clientes más importantes, el tiempo que invierto en crear y brindar contenido y el tiempo que invierto en pensar estratégicamente acerca de mi profesión de entrenador. En el hogar, mi Tiempo Vital incluye un tiempo tranquilo cada mañana, ejercicio físico, un tiempo sin interrupciones con mi esposa y tiempo en cantidad con mis tres hijos. ¿Y tú? ¿Cuál consideras que es tu Tiempo Vital?

TÁCTICA DE TIEMPO VITAL Nº 1: VENCE LA PROCRASTINACIÓN

Debes ganar la batalla contra la procrastinación para sobresalir del promedio y crear Tiempo Vital. Si vencer la procrastinación no fuera uno de tus objetivos, probablemente no estarías leyendo este libro. El desempeño óptimo y la procrastinación son simplemente incompatibles.

Indudablemente, la palabra "mañana" sólo puede encontrarse en el calendario de los necios.

La procrastinación, que significa demorar tareas de mayor prioridad en favor de otras de menor prioridad, es responsable de más frustración, estrés y desempeño por debajo de la capacidad que cualquier otro factor único. Es el arte de mantenerse al día con el ayer y evitar el hoy. Genera angustia emocional, causa estragos en las relaciones personales, destruye cualquier intento de eficiencia y promueve el agotamiento físico y mental. La procrastinación está íntimamente relacionada con las excusas, y tú sabes tanto como yo que las excusas que tienes hoy son las excusas que tendrás mañana. Las excusas de hoy son meramente los ancestros de las excusas de mañana y los precursores de la mediocridad futura.

Así que, ¿cómo puedes derrotar a la procrastinación y comenzar a crear Tiempo Vital? Frecuentemente, la parte más dura de comenzar es comenzar. Una vez que te involucras, has vencido el mayor obstáculo. Y no siempre tienes que empezar por el principio. Si el primer paso parece demasiado difícil o grande, comienza con otra parte del proyecto. O fíjate un miniobjetivo, como trabajar en algo durante quince minutos, sea leer, hacer ejercicio o un proyecto de trabajo. A menudo, luego de quince minutos querrás continuar. Hasta podrías completar toda la tarea. Yo usé un temporizador de cocina, puesto para que la alarma suene en quince minutos, para adquirir el hábito de la lectura diaria. Generalmente terminaba leyendo mucho más tiempo y ese hábito ahora está arraigado en mi rutina diaria. Divide las tareas grandes en partes pequeñas o cosas realizables diariamente. Como dice el dicho: "¿Cómo se come un elefante? Pedazo a pedazo, de un bocado a la vez."

Desarrolla un sentido de urgencia, una actitud de "hacerlo ahora," una predisposición hacia la acción. Y usa un ritmo rápido. Cuanto más rápido seas, más productivo serás. Aunque no lo

**Incentivador de
Ahorro de Tiempo #6**

Recopila información de uso frecuente en carpetas o archivadores digitales y crea formas de fácil acceso. Evitarás perder tiempo revisando los archivos y encontrarás rápidamente la respuesta a tus consultas.

creas, te fatigarás menos caminando rápidamente, haciendo las cosas rápidamente, saliendo y moviéndote que si andas lentamente.

Aprende a tomar decisiones rápidamente también. A las personas exitosas les lleva poco tiempo tomar una decisión y mucho tiempo cambiar una decisión una vez que la han tomado. La buena toma de decisiones involucra anticipar cuáles son las opciones y evaluar los aspectos positivos y negativos de cada una. Desarrolla un sistema que puedas usar consistentemente al tomar decisiones. Obtén ideas de quienes son buenos tomando decisiones y aprende de ellos. Y recuerda que es mejor tomar una mala decisión que no tomar decisión alguna. No tomar decisiones produce estancamiento y desata sentimientos de fracaso, confusión y preocupación. Se ha dicho que hasta los mejores planes se desploman si uno está consumido por la indecisión y no toma medidas para poner en acción ese plan. Sé un hacedor, no un "deseador" o un "esperanzador."

Si quieres que tu vida mejore, tienes que hacer algo constructivo para mejorarla. No hay nada más constructivo que eliminar la procrastinación de tu vida.

TÁCTICA DE TIEMPO VITAL Nº 2: ORGANIZA TU ESPACIO DE TRABAJO

Debes tener un espacio de trabajo organizado estratégicamente. Puedes practicar todos los demás principios de administración del tiempo, pero si te mantienes desorganizado, limitarás seriamente la eficacia de los demás principios que practicas. La mayor parte de la desorganización surge de la indecisión; por ejemplo: no poder decidir si una hoja de papel u otra información es importante y, si lo es, qué hacer con ella. Esto se manifiesta en el hábito de tomar las mismas cosas tres o cuatro veces, tener una bandeja de entrada sobrecargada permanentemente y tener múltiples pilas de hojas, periódicos y archivos desplegados por toda la oficina.

Incentivador de Ahorro de Tiempo #7

Programa las tareas más difíciles durante el tiempo más productivo de tu día.

Siete maneras de dejar eficazmente las cosas para después

———— Una parodia ————

1 | Sólo desea, espera y sueña. Realmente no hay necesidad de fijar metas claras y específicas para luego arremangarte y ponerte a trabajar.

2 | Trabaja siempre en lo que es divertido y fácil, en las tareas C y B, en lugar de cumplir con las prioridades A, las cosas que son a menudo difíciles pero necesarias. ¿No es que las tareas de baja prioridad generan impulso?

3 | Permanece en tu carrera aunque seas infeliz, estés atascado y no puedas crecer. Siempre puedes esperar ansioso que lleguen las noches y los fines de semana.

4 | Si estás cansado, ¡deja siempre el trabajo difícil para más tarde! Usa el cansancio estratégicamente para escapar de esas tareas incómodas.

5 | Si temes que algo ande mal físicamente, no vayas al médico. De esa manera evitarás enfrentarte con la realidad de una posible enfermedad. Es mucho más fácil esperar hasta que estés realmente enfermo.

6 | Mañana es siempre un buen día para empezar algo importante, tal como hacer ejercicio o una dieta. La semana que viene es mucho mejor.

7 | Toma un descanso de todos los proyectos cuando llegues a 90 por ciento de su realización. De esa manera siempre podrás volver a ellos.

Si tu oficina es típica, aproximadamente tres cuartos de los ítems de tus archivos deberían ser borrados o colocados en el cesto de papeles.

En tu espacio de trabajo y alrededor de él, divide todos los objetos en dos categorías: herramientas o provisiones. Las herramientas son artículos reutilizables como la engrapadora, el teléfono, el soporte de la cinta adhesiva y el abrecartas. Las provisiones son artículos de consumo como grapas, cinta, líquido corrector, sujetapapeles, notas adhesivas y membretes. Mantén las herramientas y las provisiones en un área de almacenamiento aparte, como una gaveta, un estante o en un armario.

Usa una bandeja de entrada y una bandeja de salida. Verifica las bandejas al menos dos veces al día en horarios específicos y predeterminados. Archiva apropiadamente o toma acción con todos los materiales entrantes inmediatamente. A fin de optimizar tu eficacia y productividad, evita manejar cualquier ítem más de una vez. Otra idea es ponerte de pie al ordenar tu bandeja de entrada; te moverás más rápidamente y ahorrarás aún más tiempo.

Cada vez que llega algo a tu escritorio o a la bandeja de entrada de tu correo electrónico, pregúntate: "¿Es una acción?" En otras palabras, ¿es un ítem para hacer algo? ¿Hay alguna acción específica que debas realizar, o es un apoyo, una referencia o algún tipo de información a la que tal vez necesites acceder en algún momento más adelante? Si es algo a lo que tal vez necesites acceder más adelante, colócalo en la categoría apropiada de archivo y luego ordena alfabéticamente la información en ese archivo. Si es una acción o algo para hacer, colócalo en una de tres categorías de acción:

- Los archivos "para hacer" de rutina, si es una tarea recurrente y rutinaria, como "para leer," "escribir cartas" o "devolver llamadas"

- Los archivos de prioridades, si es una tarea inaplazable

Incentivador de Ahorro de Tiempo #8

Si haces una cita con bastante anticipación, llama el día anterior para confirmar, solicitando respuesta sólo si los planes han cambiado. Es lo profesional, ahorra tiempo y evita contratiempos.

Siete razones válidas para dejar las cosas para después

Una parodia

1 | Obviamente, posponer las cosas te permite escapar de actividades desagradables. Estas podrían ser las cosas que temes hacer o simplemente las cosas que no te gusta hacer.

2 | Si esperas que las cosas mejoren, todavía puedes culpar al mundo por tu infelicidad. Ya basta de ese asunto de la responsabilidad personal.

3 | Puedes manipular a otros sutilmente para que hagan el trabajo. Si lo pospones lo suficiente, alguien más podría intervenir eventualmente y hacerlo por ti.

4 | Puedes evitar responsabilidades mayores que traen acoplado el éxito. Si haces un trabajo bien y a tiempo, los demás sólo esperarán que lo hagas de nuevo. Por supuesto, eso es muy injusto.

5 | Si sientes que no tienes que hacer el trabajo ahora, puedes planear hacerlo después. Algunos llaman a esto pereza, pero son maleducados.

6 | Siempre puedes reclamar la inmunidad perfeccionista. Puesto que eres tan meticuloso, los demás comprenderán si nunca comienzas.

7 | Si no estás seguro, espera. Esta es una buena regla general. Una tarea difícil, agobiadora e insuperable debería siempre ser pospuesta hasta que estés completamente listo y descansado.

- Los archivos para recordatorios, si la tarea necesita ser completada en una fecha futura específica

Yo manejo mi correo electrónico entrante de una forma similar a la que manejo los ítems físicos. Generalmente verifico mi correo electrónico en horarios designados; típicamente, es lo segundo que hago en la ma-ñana, antes del almuerzo y antes de dejar la oficina en la tarde. Le doy una mirada a los mensajes nuevos, contestando rá-pidamente cualquiera que

> La gente exitosa tiene hábitos exito-sos. La gente mediocre tiene hábitos mediocres. Y todo comienza con la capacidad de elegir.

pueda manejar en cien segundos o menos, y transfiero el resto a una de tres subcarpetas. Si necesito redactar una respuesta considerable o hacer algo en repuesta a un correo electrónico, lo muevo a la carpeta de Acción. Si necesito revisar algo, lo muevo a la carpeta de Leer/Revisar. Si necesito esperar una respuesta de otra persona, muevo el mensaje a la carpeta de Pendientes. También muevo correos electrónicos que he enviado a la carpeta de Pendientes si debo esperar una respuesta de alguien. Automáticamente, todos los demás correos electrónicos son borrados o salvados por mi asistente en nuestras carpetas de referencia o de investigación en el servidor de nuestra compañía. Muchos de mis clientes de El Club del 1% han adoptado este sistema sencillo. Tú pue-des crear un sistema similar para tu computadora hogareña también. Te aliento a intentar este enfoque o modificarlo ligeramente para que funcione bien para ti. El correo electrónico puede hacer que derroches tu tiempo en gran manera, así que asegúrate de tener un sistema que facilite esta parte de tu vida.

Volvamos ahora al archivado de papeles. Mi mejor consejo es cla-sificar todo. Usa archivos colgantes y piensa si no te conviene ahorrar tiempo y no usar carpetas de papel manila dentro de las carpetas de archivos colgantes. Usa códigos de colores en tus archivos colgantes mediante carpetas de colores, lengüetas de colores o ambos. La catego-ría debería aparecer indicada por una lengüeta de color en el extremo izquierdo, seguido por lengüetas de colores de coordinación escalonadas por temas y cuestiones relacionados en cada categoría. Por ejemplo, "publicidad" podría ser la categoría, "correo directo" podría ser el tema, "catálogo" podría ser el asunto, y el número, título o ítem podría ser la "Edición de verano de 2008" del catálogo.

Escribe el esquema de tu sistema de colores en un documento de procesamiento de textos y guárdalo digitalmente para consulta rápida en caso que tu asistente, otro colega o un familiar necesite acceder a los archivos. Por ejemplo, el color morado podría significar archivos de acción; verde, archivos de clientes; azul, investigación y referencia; amarillo, administrativo; y rojo, publicidad. Documenta las elecciones de colores y luego crea un índice con un listado de los archivos de cada categoría. Actualiza este índice periódicamente. Esto requiere algo de tiempo inicialmente, pero ahorra tiempo a la larga.

Además, un escritorio desordenado y desorganizado te abrumará. De hecho, según lo que llamo el Principio de Correspondencia, tu vida externa es un reflejo de tu vida interior. ¡Todo lo que dices y haces, incluyendo tu nivel de organización, es un reflejo del verdadero tú! Si siempre tienes un área de trabajo atiborrada, es un signo de que tienes estrés y agitación en tu interior que necesitan ser tratados. El simple acto de ordenar tu área de trabajo puede hacerte sentir más en control de tu vida, y puede ayudarte a ser más efectivo, más eficiente y más optimista. A menudo, a medida que uno sube en las organizaciones, los escritorios se vuelven cada vez más limpios. Y eso no es una coincidencia.

Lo más importante es que mientras más limpia esté tu área de trabajo y mientras menos cosas tengas en tu escritorio, más lograrás hacer. Piensa en la posibilidad de invertir en un escáner de alta calidad y deshacerte de la mayor parte de papel. Puedes aplicar también los mismos principios y categorías de organización descritos anteriormente a los archivos de tu computadora.

**Incentivador de
Ahorro de Tiempo #9**

Contesta tu correspondencia telefónicamente o por correo electrónico. De ser posible trata de delegar esta tarea.

TÁCTICA DE TIEMPO VITAL N° 3: MANEJA EL MATERIAL DE LECTURA MÁS EFICIENTEMENTE

Para ser efectivo en la sociedad de hoy, que cambia rápidamente, debes mantenerte al día con los acontecimientos de actualidad y las novedades de tu industria. A continuación, hay tres claves para manejar el material de lectura:

Primero, conviértete en un lector veloz. Un curso de lectura veloz te permitirá duplicar o triplicar tu velocidad de lectura casi instantáneamente. Yo aumenté mi velocidad en más del doble en las primeras dos horas. Hay cursos en línea disponibles, así como seminarios y sistemas de aprendizaje en CD. Los cursos de PhotoReading y de aprendizaje acelerado son enfoques probados que tal vez quieras investigar también. Los resultados notables que obtienes de practicar estos métodos simples te sorprenderán.

Otra forma de acelerar tu lectura es ir directamente al índice de un libro, decidir qué capítulo es más importante para ti y luego leer ese capítulo o marcarlo para una consulta futura. Tal vez descubras que el material ni siquiera vale la pena ser leído, lo cual, por supuesto, acorta el tiempo asignado considerablemente.

Para la información comercial, lee sólo los artículos de máxima prioridad en revistas, publicaciones, diarios, boletines, etc. Nuevamente, lee el índice, elige los ítems que más te interesen, dirígete directamente a esos ítems, arranca las hojas y ponlas en tu archivo de "cosas para leer." Luego tira el resto de la revista. Recomiendo que siempre lleves ese archivo contigo para leer durante lo que yo llamo el tiempo de transición: cuando estás esperando una cita, parado en una fila o de viaje.

Incentivador de Ahorro de Tiempo #10

Desarrolla un grupo talentoso de gente orientada al éxito que apoye y acelere tu progreso para lograr tus metas.

Entrénate para leer sólo lo que es más importante para ti y nada más. Si eres lo suficientemente afortunado como para tener un asistente, lo ideal es que tú recorras el índice, marques lo que te resulta de interés y pidas a tu asistente que arranque las hojas, las coloque en un archivo y las ponga en tus manos cuando estés saliendo de la oficina. Además, cada vez que estés leyendo o revisando correspondencia, ¡ponte de pie! Tu mente se mantendrá más enfocada y alerta y harás las cosas más rápido.

Tal vez quieras aprovechar los servicios que brindan una sinopsis o reseña de varios libros y artículos. Hay resúmenes escritos y en forma de audio, también en forma de podcasts. Yo los he usado durante muchos años y he recortado cuatro a cinco horas de lectura cada semana.

TÁCTICA DE TIEMPO VITAL Nº 4: MANEJA TODO UNA VEZ Y SÓLO UNA VEZ

El manejo único significa que, una vez que comienzas una tarea de máxima prioridad, la sigues hasta que esté 100 por ciento completa. Persevera sin apartarte ni distraerte. No tomes la misma tarea, el mismo pedazo de papel o incluso la misma llamada telefónica dos veces. Toma la tarea, dale tu máxima atención, ocúpate de ella y luego dale un cierre y ocúpate de la siguiente.

Conviértete en un "monomaníaco," como dijo Peter Drucker. Aprende a concentrarte intensamente en una sola cosa a la vez, porque cuanto más asumas, mayor es la probabilidad de que perderás algo de tu eficacia. Esto es así no sólo para una tarea específica, sino para todas las áreas de tu vida. La investigación demuestra que los grandes logros requieren una concentración focalizada. Estudia las grandes historias de éxito, ¡y verás a qué me refiero!

TÁCTICA DE TIEMPO VITAL Nº 5: DELEGA

La delegación es la única forma en que puedes extraer el suficiente Tiempo Vital como para ocuparte de aquellas cosas que son significativas para ti. Sin delegación, terminarás con tantas responsabilidades que no podrás hacer lo que más importa.

Incentivador de Ahorro de Tiempo #11

Debido a que uno absorbe los hábitos de las personas con las que se rodea, asóciate sólo con gente productiva. Mantente alejado de gente negativa.

¡Acuérdate de concentrarte en lo que sabes hacer mejor! Como emprendedor, ejecutivo o gerente, debes delegar todo lo que puedas para tener el tiempo suficiente para completar las tareas que más te reditúan. Delega y te liberarás de las tareas rutinarias que no te acercan a tus metas.

El primer paso es saber cuándo delegar. Una regla general es que si alguien puede hacer la tarea más rápidamente, mejor o más económicamente que tú, ¡pídele que lo haga! **Dirige cada vez más tiempo a aquellos aspectos de tu negocio para los cuales tienes más pasión y en los que te destacas.** Esta es la receta para el éxito excepcional, no importa lo que hagas.

Se ha dicho que las actividades que no promueven directamente tus metas y sueños son simplemente mantenimiento rutinario. Y el mantenimiento rutinario, si bien es crucial para el funcionamiento de una casa, un automóvil o cualquier pieza de maquinaria, puede ser realizado por cualquiera que tenga las habilidades necesarias. En otras palabras, por una persona que hace reparaciones o mantenimiento, o alguien distinto de ti. A menos que tu meta sea ser una criada, un mayordomo, un experto en mejoras en el hogar o un mecánico de automóviles, podrías estar sacrificando cientos de horas al año en actividades que no se alinean con tus valores, ni contribuyen directamente al logro de un solo objetivo, meta o sueño.

No puedes estar orientado a las metas y al mantenimiento a la vez, así que primero debes tomar una decisión. Sin embargo, si el mantenimiento rutinario de la casa y del jardín son cosas que disfrutas al hacer, ¡entonces no dudes en hacer esas tareas! Estas actividades pueden ser eficaces reducidoras de estrés y, además, pueden darte un sentido de logro. Pero si no son algo que consideras placentero, entonces delégalas.

El punto aquí es que puedes tomar la decisión de cuándo

**Incentivador de
Ahorro de Tiempo #12**

Mantén tarjetas de 3x5 pulgadas cerca de ti para anotar buenas ideas y dictar correspondencia. Yo empleo un servicio de dictado que puedo accesar con marcado rápido desde mi celular y luego recibir la transcripción rápidamente vía correo electrónico.

Emplea el tiempo extra que lograste en

- Compartir tiempo de calidad y en cantidad con tus seres queridos

- Trabajar en planes y metas importantes relacionadas con tus negocios y con tu carrera profesional

- Descansar, relajarte y rejuvenecerte

contratar a alguien para ocuparse de las tareas que tú consideras mantenimiento rutinario. Lo que elijas delegar puede ser muy diferente de lo que tu vecino o colega elija delegar. Lo importante es que delegues aquellas actividades que te quitan energía y oscurecen tu enfoque.

Es importante decidir no sólo *cuándo* delegar sino *qué* delegar. Asignar a los subordinados tareas que ni tú ni nadie más quiere hacer no es delegar, sino asignar. Y, si bien es necesario en

**Incentivador de
Ahorro de Tiempo #13**

Telefonea por adelantado o por correo electrónico para evitar perder tiempo esperando en la línea de comida rápida.

ocasiones, no alimenta el ego de otras personas, no las alienta a crecer ni les permite asumir el papel de tomadores de decisiones que puede ayudar a liberar más de tu tiempo. Así que aprende a delegar tareas desafiantes y también gratificantes.

El siguiente paso importante es saber *a quiénes* delegar. Mi consejo es elegir las mejores personas disponibles, sin importar el costo. Las mejores personas te harán exitoso. También reducen el número de veces que serás interrumpido, porque saben cómo manejar los desafíos ellos mismos. Cuanto antes detengas las interrupciones en tu oficina, más pronto estarás viviendo tu vida a tu manera, según tus términos, y realizando tus metas. Recuerda que siempre hay alguien allá afuera con la pasión y la habilidad para hacer lo que esperas evitar hacer. Tu tarea es atraerlos y reclutarlos.

Saber cuándo delegar, a quiénes delegar y cómo delegar vendrá más naturalmente con la práctica. Ten la plena seguridad de que te colocará bien en camino a reclamar y disfrutar del Tiempo Vital.

TÁCTICA DE TIEMPO VITAL Nº 6: CONTROLA TUS LLAMADAS TELEFÓNICAS

Controla el teléfono, porque si no te controlará a ti y limitará tu nivel de logro. No temas ignorarlo por completo si estás involucrado en una actividad vital. Los sistemas de correo de voz son rentables y eficaces en el costo para el manejo de mensajes. Si eres lo suficientemente afortunado como para tener un asistente, haz que filtre las llamadas y que obtenga un horario específico para devolver la llamada, cuando la persona se encuentre en su oficina. Cuando llames a alguien, deja también un horario para que pueda devolver la llamada. Pon un freno a las llamadas sin éxito. Rehúsa ser un esclavo del teléfono.

Otra forma de controlar el teléfono es ser la persona que llama en vez de la persona llamada. La investigación indica que las

**Incentivador de
Ahorro de Tiempo #14**

Evita "seguir al rebaño." Haz lo que otros no hacen. Deja el hotel cuando otros no lo hacen. Llega al restaurante antes que el resto. Programa tus vuelos lejos de "horas punta." Maneja cuando el tráfico no esté congestionado.

Minimiza la mediocridad telefónica

1 | Antes de llamar, anota los puntos que quieres mencionar.

2 | Prepárate para cortar la conversación rápidamente reconociendo lo ocupada que debe estar la otra persona.

3 | Mientras hablas por teléfono, haz trabajos fáciles como firmar cartas u organizar tu escritorio.

4 | Cuando sea posible, revisa tus mensajes y devuelve todas las llamadas que sean necesarias al mismo tiempo. Limita el uso del teléfono a un par de períodos específicos durante el día. Te darás cuenta inmediatamente del tiempo adicional y de la energía mental que esto libera.

5 | Practica la regla de oro de la administración telefónica: Cuando llames a alguien, valora su tiempo al preguntar: "¿Es este un buen momento?" No asumas que los demás tienen tiempo para hablar contigo, ¡y nunca interrumpas simplemente porque quieres conversar!

llamadas telefónicas no planificadas duran entre cinco y siete minutos más que las llamadas planificadas. Si haces o recibes doce llamadas no planificadas en un día, podrías estar malgastando una hora. Yo hago que todas mis llamadas entrantes sean filtradas cuidadosamente. Eso irrita ocasionalmente a algunas personas, lo cual me advierte que la parte ofendida podría ser el tipo de persona que puede permitirse malgastar el tiempo. En mi oficina, bajo ninguna circunstancia se me pasa una llamada a menos que la persona que llama se identifique y dé los motivos de su llamada. Mi personal también alienta a las personas que llaman a enviar por correo electrónico una breve nota introductoria antes de intentar hablar conmigo por teléfono. A menudo, ni siquiera se requiere una llamada telefónica.

TÁCTICA DE TIEMPO VITAL Nº 7: ADMINISTRA LAS INTERRUPCIONES

Debes volverte excepcionalmente hábil en el manejo de las interrupciones, porque tienden a ser la razón principal de derroche del tiempo en los negocios. Recuerda que las interrupciones suelen ser personas —personas que quieren que reenfoques tu atención de lo que estás haciendo ahora hacia otra cosa. Algunas personas simplemente no se dan cuenta de que están metiéndose en tu tiempo o afectando tu proceso mental, mientras que otras siguen y siguen interminablemente, aparentemente creyendo que se les paga por palabra. Parece que nunca se cansan de decir cosas sin importancia. Sin embargo, a veces las personas genuinamente necesitan decirnos algo que es una prioridad para ellas. ¿Cómo podemos tratarlas respetuosamente mientras que a la vez protegemos nuestro tiempo? Aquí van algunas estrategias para manejar las interrupciones.

Adopta una política de puertas abiertas controlada, en la que las personas tengan acceso a ti pero sólo a través de una cita. Si eres un gerente, desarrolla a tu personal exigiéndoles que, antes de que te traigan un problema, lo definan claramente por escrito, sugieran tres soluciones posibles y luego elijan la mejor solución entre las

**Incentivador de
Ahorro de Tiempo #15**

Si tienes problemas al tratar de contactar al alguien por teléfono, prueba a enviar un fax o un correo electrónico.

Administra las interrupciones

Recuerda el valor de una hora.

Mira tu reloj.

Planifica las interrupciones.

Cuelga un cartel de "no molestar."

Controla tu "puerta abierta."

"Me estoy yendo."

Aleja tu escritorio de la puerta.

"Sólo tengo ocho minutos."

Permanece de pie.

tres. A menudo determinarán que no hay ninguna necesidad de interrumpir. Y, si interrumpen, el largo de la interrupción se verá acortado. Nadie debería poder entrar a tu oficina sin una buena razón.

También podrías designar momentos específicos para las interrupciones y otros momentos sin interrupciones. Coloca un cartel de "No molestar" en tu puerta cerrada durante los períodos que no deben ser interrumpidos, o lleva tu trabajo a una sala de conferencia u otro lugar tranquilo. Deja absolutamente en claro que a menos que haya un fallecimiento en la familia o un incendio en el edificio, no debes ser molestado. Durante los períodos en los que permites interrupciones, dedícate a tareas rutinarias u operativas a las que puedas volver fácilmente y no al trabajo creativo.

Cuando una persona cae de visita inesperadamente, tal vez podrías ponerte de pie y comenzar a salir. Di: "Estoy saliendo," y habla con la persona a la entrada de tu oficina. Luego dirígete al baño, al fondo del pasillo, o donde sea, y vuelve después al trabajo.

Recibe a los visitantes inesperados en el área de recepción o el vestíbulo y permanece de pie, si es posible. Reúnete con los colegas en sus oficinas en vez de en la tuya, para que puedas levantarte y salir más fácilmente cuando sientas que la conversación ha concluido.

Fija límites de tiempo al inicio de la conversación. Si tienes un visitante inesperado, di: "Tengo sólo siete minutos, y luego tengo una cita telefónica [o algún otro asunto urgente]." El uso de un marco de tiempo inusual inspira atención y respeto.

Para desalentar a los visitantes que llegan de improviso, aleja tu escritorio de la puerta. Esto elimina el contacto visual con las personas que pasan, que algunos interpretan como una invitación para interrumpir. Si alguien hace una visita inesperada, ahorra tiempo escribiendo una breve nota para que te acuerdes dónde estabas.

El lenguaje corporal ansioso acorta las interrupciones. Mira el reloj, comienza a mover

Incentivador de Ahorro de Tiempo #16

Organiza tus recados. Lleva a cabo todos los que se encuentran a un lado de la pista y luego atraviesa al otro lado para terminar con el resto.

Calcula el valor de una hora

| Ingreso anual total | Número total de horas que trabajas a la semana | | | | |
| | 30 | 40 | 50 | 60 | 70 |
	Valor dólar aproximado de una hora de tu tiempo				
$40,000	$26.67	$20.00	$16.00	$13.33	$11.43
$45,000	$30.00	$22.50	$18.00	$15.00	$12.86
$50,000	$33.33	$25.00	$20.00	$16.67	$14.29
$55,000	$36.67	$27.50	$22.00	$18.33	$15.71
$60,000	$40.00	$30.00	$24.00	$20.00	$17.14
$65,000	$43.33	$32.50	$26.00	$21.67	$18.57
$75,000	$50.00	$37.50	$30.00	$25.00	$21.43
$100,000	$66.67	$50.00	$40.00	$33.33	$28.57
$125,000	$83.33	$62.50	$50.00	$41.67	$35.71
$150,000	$100.00	$75.00	$60.00	$50.00	$42.86
$200,000	$133.33	$100.00	$80.00	$66.67	$57.14
$250,000	$166.67	$125.00	$100.00	$83.33	$71.43
$300,000	$200.00	$150.00	$120.00	$100.00	$85.71
$350,000	$233.33	$175.00	$140.00	$116.67	$100.00
$400,000	$266.67	$200.00	$160.00	$133.33	$114.29
$450,000	$300.00	$225.00	$180.00	$150.00	$128.57
$500,000	$333.33	$250.00	$200.00	$166.67	$142.86
$750,000	$500.00	$375.00	$300.00	$250.00	$214.29
$1,000,000	$666.67	$500.00	$400.00	$333.33	$285.71

Total de horas trabajadas anualmente *(50 semanas)*   1,500   2,000   2,500   3,000   3,500

Para calcular el valor dólar de una hora de tu tiempo, divide tus ingresos anuales por el número de horas que trabajas cada año.

Una hora vale: $_____

Quiero que una hora valga: $_____

hojas, busca algo en el escritorio o lo que se te ocurra hacer, y la sugerencia será recibida. Conozco algunas personas que siempre tienen una tarea rutinaria que piden que los visitantes inesperados lo ayuden a hacer. Cuanto más tediosa, mejor. De nuevo, entenderán el mensaje.

Si tu asistente y tu personal son tus interrupciones más frecuentes, programa bloques periódicos de tiempo para abordar y cubrir todos los problemas y preguntas en una sesión.

Finalmente, recuerda que tu tiempo es valioso. Supón, por ejemplo, que quieres ganar $100.000 este año. Eso se traduce en unos $50 la hora, o unos 83 centavos cada minuto. Mantén esto fresco en tu mente: **¡La mayoría de las personas que interrumpen a otras no tiene idea del valor de cada minuto de su tiempo y del tuyo!**

TÁCTICA DE TIEMPO VITAL N° 8: AGRUPA TAREAS SIMILARES

Haz cosas similares juntas. Todo lo que hacemos está sujeto a lo que se denomina la curva de aprendizaje. Cuando hacemos una serie de cinco a diez tareas similares, la curva de aprendizaje reduce la cantidad de tiempo necesario para completar cada ítem en alrededor de 80 por ciento.

Por ejemplo, al administrar mi negocio, me resulta mucho más productivo separar ciertos días para capacitación de clientes, otros días para el desarrollo de productos y otros días para analizar la investigación, en vez de hacer un poco aquí y un poco allá, teniendo que hacer un calentamiento mental para cada tipo de actividad cada vez. Agrupa tus llamadas telefónicas y tu correspondencia también. Hazlos todos a la vez y podrás agregar alrededor de una hora a tu día.

Incentivador de Ahorro de Tiempo #17

Si viajas a menudo, guarda un archivo en el auto con direcciones de los lugares a donde podrías regresar.

TÁCTICA DE TIEMPO VITAL N° 9: APARTA PORCIONES DE TIEMPO

No creerías los comentarios que recibo de empresarios (y otros líderes) sobre el impacto de la división del tiempo en porcio-

Silencia el teléfono durante el almuerzo.	Aparta de tres a cuatro horas por día.

Planifica un tiempo tranquilo, sin interrupciones

Únete al club de las cinco de la mañana.	Los viajes en primera clase valen la pena.

nes. **Cuanto más importante se vuelve tu trabajo, es más importante que desarrolles porciones de tiempo donde puedas trabajar en proyectos serios sin distracciones.** Evita mezclar tareas creativas con tareas funcionales o administrativas. De hecho, es imposible aprovechar al máximo tu efectividad personal si intentas mezclar tareas operativas, como contestar el teléfono, redactar correspondencia, contestar correos electrónicos y tener reuniones, con proyectos creativos, como planificar, preparar una propuesta o diseñar una nueva campaña de comercialización. Necesitas porciones de tiempo, fracciones mínimas de dos o tres horas

Incentivador de Ahorro de Tiempo #18

Evita la "baratitis," que es causada por una inflamación de la glándula de pobreza. Baratitis es simplemente la práctica de una falsa economía. No permitas que el costo sea tu único criterio. El comprador inteligente sabe que el concepto de "ser cauteloso con pequeñas sumas de dinero, pero descuidado con las grandes" notado por Ben Franklin todavía tiene validez.

preferentemente, en forma regular. Tu mente necesita entre treinta y sesenta minutos para aclimatarse a las tareas creativas.

Aquí tienes varias recomendaciones para programar un tiempo tranquilo y sin interrupciones. Cada una aumentará considerablemente tu efectividad y producirá una fuente de ideas creativas que provienen del pensamiento ininterrumpido.

Primero, comienza en la mañana, cuando estás más fresco y alerta. Únete al club de las cinco y levántate a las 5 a.m. Trabaja en las prioridades importantes de la vida, metas y tiempo de devoción temprano en la mañana. Prácticamente todos los grandes líderes se levantan temprano. Luego de trabajar en tu desarrollo personal, puedes dedicar el resto de tu tiempo temprano en la mañana a proyectos profesionales. De esta forma has tenido noventa minutos de tiempo ininterrumpido antes de siquiera ir a la oficina. O puedes llegar a la oficina una hora o más antes que el resto de las personas. Pero, aun cuando llegues a la oficina a la hora habitual, ya habrás logrado noventa minutos de trabajo sin interrupciones.

El almuerzo es otra excelente opción para separar porciones de tiempo. Desde el mediodía hasta la 1 de la tarde, silencia el teléfono. Cuando todos los demás se hayan ido, puedes trabajar sin interrupciones durante más de una hora, despejando los correos electrónicos u ocupándote de partes de proyectos importantes.

Aparta un tiempo fijo cada día. Por ejemplo: desde las 10 de la mañana hasta el mediodía, coloca un cartel de "No molestar" en la puerta de tu oficina y no aceptes ninguna interrupción durante dos horas. Si haces lo mismo entre las 2 y las 4 de la tarde, obtendrás dos horas completas en la mañana y en la

Incentivador de Ahorro de Tiempo #19

Ensaya el arte de dejar propina por adelantado. Recuerda que la propina sirve para: "asegurar desempeño (o prontitud)." Si estás en un buen restaurante y tienes poco tiempo, sólo dile a la persona encargada de acomodarte que estás apurado y pregúntale si puede acelerar tu servicio en la cocina. Luego deposita un billete en su mano y repite el mismo procedimiento con el mesero. Te recomiendo dejar buenas propinas en el restaurante que frecuentas. ¡Es una inversión!

Tácticas de Tiempo Vital

1 | Vence la tendencia a dejar las cosas para después

2 | Organiza tu espacio de trabajo

3 | Maneja el material de lectura eficientemente

4 | Maneja todo una vez y sólo una vez

5 | Delega

6 | Controla tus llamadas telefónicas

7 | Administra las interrupciones

8 | Agrupa las tareas similares

9 | Aparta porciones de tiempo

10 | Conduce reuniones magistrales

tarde. Los horarios precisos en que hagas esto no importan realmente. ¡Simplemente hazlo!

No descartes los viajes como oportunidades para dividir el tiempo en porciones. Una hora de volar en primera clase, por ejemplo, puede ser el equivalente de unas tres horas de trabajo en un entorno de oficina, porque no hay ninguna interrupción. La cabina de primera clase es también un excelente lugar para hacer vínculos con otras personas de pensamiento exitoso. Muy probablemente, podría justificar la inversión adicional.

En El Club del 1% tenemos un concepto que se llama El Sistema de Bloqueo de Días, en el que enseñamos a los empresarios a apartar días completos y, en algunos casos, incluso semanas, como una herramienta de enfoque. Por ejemplo, dividimos cada semana en tres tipos diferentes de días. El primer tipo es llamado Día de Rejuvenecimiento, y está reservado para el descanso y la recreación. El segundo tipo de día se llama Día de Superenfoque, que es usado exclusivamente para atender tus tres actividades principales de mayor retribución. El tercer tipo de día, llamado Días de Preparación, es usado para manejar proyectos rutinarios y organizarte para quedar libre de actividades de baja retribución cuando tienes un Día de Superenfoque en el programa. A medida que los miembros de El Club del 1% dominan este método único, experimentan una mayor productividad como resultado de eliminar distracciones recurrentes y de cambiar continuamente de marcha mental.

Incentivador de Ahorro de Tiempo #20

Crea listas de chequeo rutinario para las tareas recurrentes tales como mantenimiento del hogar, del auto, de limpieza, de planificación de vacaciones, de compra de víveres, etc. No tendrás que ponerte a pensar en ellas cada vez que se presente la ocasión.

TÁCTICA DE TIEMPO VITAL Nº 10: CONDUCE REUNIONES MAGISTRALES

¿Cómo son tus reuniones? ¿Son una inversión o una pérdida de tiempo? Aquí tienes seis pautas esenciales para las reuniones eficaces.

Conoce el propósito. La meta ¿es resolver un problema, capacitar a empleados, compartir información o planificar un proyecto? ¡Tienes que poder definir el propósito de la reunión en menos de veinticinco palabras!

¿Es absolutamente necesaria la reunión? ¿O hay otra forma de lograr el mismo resultado? ¿Quiénes deben asistir? ¿Qué es lo peor que podría suceder si no se realizara la reunión? La mayoría de las reuniones es una gran pérdida de tiempo, así que considera a todas las reuniones como inversiones que deberían producir grandes dividendos. Multiplica los salarios por hora de los asistentes por el tiempo que dure la reunión y determinarás el verdadero costo de reunirse.

Prepara una agenda escrita. Con antelación, envía por correo electrónico una copia de los temas de la reunión a los participantes. Haz una lista de ítems en orden de importancia para la organización. Comienza la reunión con una declaración de propósito en una oración y luego indica un tiempo específico de finalización.

¡Prepárate! Prepárate para la reunión como si fuera una presentación ante un cliente. Siempre haz tus deberes y nunca le hagas perder el tiempo a los asistentes con tareas o diálogo que podrían tratarse en otra parte.

Conduce la reunión eficazmente. Mantén el curso de la reunión y enuncia el resultado de cada punto discutido. Cierra cada punto antes de seguir adelante y no eludas temas. Asigna todas las tareas y plazos, incluyendo tomar y distribuir las minutas o notas de la reunión. Determina cómo se implementará y controlará cada tarea. Sé absolutamente claro respecto a qué debe hacerse y por qué, y haz que los empleados repitan verbalmente la tarea, el plazo y el propósito, a fin de asegurarte de que todos entiendan lo que está sucediendo. Por sobre todo, toma decisiones. Las reuniones sin decisiones no sirven para nada.

Sal rápidamente. Si ya no se te necesita para completar la reunión, sal. Intenta hacer que los ítems que te afectan se discutan primero, ¡y luego sal y vuelve al trabajo! Los líderes deberían dar permiso a su gente para que se retire luego de hacer su aporte.

**Incentivador de
Ahorro de Tiempo #21**

Haz las cosas bien desde el primer momento. Si no tienes tiempo de hacerlo bien la primera vez, ¿cuándo encontrarás el tiempo para rehacerlo?

Todos tenemos sólo veinticuatro horas al día para lograr nuestras metas y para convertirnos en la persona que somos capaces de ser. Como dije al principio de esta lección, no importa quién seas, tu progreso y éxito final en la vida dependerán (más que de cualquier otro factor) de lo que hagas con las veinticuatro horas que recibes cada día. Puedes invertir tu tiempo sabiamente o puedes invertirlo neciamente. Puedes crear Tiempo Vital o puedes dejar que se esfume. La elección, como siempre, es tuya. ¡Depende exclusivamente de ti!

Recuerda que cada uno de nosotros tiene muchísimo lugar para mejorar y progresar. Tu producción puede ser más que incrementada; puede ser multiplicada repetidamente. De hecho, creo que tienes la obligación de aprovechar al máximo cada gota de tu potencial. Cuando hayas alcanzado este próximo pico de súpereficacia, ¡te costará creer que vivías de una manera diferente!

Lección 4: Preguntas para reflexionar

¿En qué área necesitas actuar pero has estado procrastinando?

¿Qué impacto podrían tener tus habilidades de administración del tiempo en la calidad de tu vida hogareña? ¿Qué están aprendiendo tus hijos al observar cómo usas tu tiempo?

¿Cuánto tiempo marginal o no programado necesitas en forma diaria, semanal y mensual para operar al máximo de tu potencial?

¿De qué formas ha influido la tecnología en la manera en que inviertes o gastas tu tiempo (Internet, correo electrónico, teléfonos celulares, iPods, etc.)?

¿Cuáles son las actividades clave que tienden a crear la mayor diferencia en tu vida familiar? ¿Y en el trabajo? ¿Qué actividades deberían ser definitivamente recortadas?

¿A quién puedes influenciar con las ideas de esta lección en las próximas cuarenta y ocho horas?

LECCIÓN 4: TAREAS

1 | Determina cuánto vale tu tiempo actualmente (ver el gráfico en la página 127).

2 | Determina cuánto tendría que valer tu tiempo para crear el estilo de vida que deseas.

3 | Haz una lista de tus tres actividades de mayor retribución, tanto personal como profesionalmente.

4 | Mantén un diario sobre cómo usas tu tiempo durante las próximas dos semanas. (Usa incrementos de quince minutos.)

5 | Basándote en esta lección, haz una tormenta de ideas y confecciona una lista de veinte formas específicas en que puedes mejorar la administración personal de tu tiempo.

Elige no ser un obstáculo para ti mismo

Cualquier cosa hacia la que dirijas

tu mente será revelada en última instancia

para conocimiento de todos.

En esta lección aprenderás a:

- Usar el lenguaje del éxito

- Vaciar tu mente de diálogo no deseado

- Controlar tus emociones

- Desarrollar creencias que hagan que el éxito sea inevitable

- No ser un obstáculo para ti mismo

- Reprogramarte para conseguir logros extraordinarios

Entre las poderosas influencias que más afectan tu carácter, personalidad y actitud está lo que te dices a ti mismo y crees de ti mismo. Todos los días, en cada momento, hablas contigo convenciéndote tanto de los éxitos como de los fracasos. En cuanto a convencerte del éxito, me refiero a persuadirte de ser el campeón que Dios ha planificado que llegues a ser. Recuerda nuestra conversación en la lección 2 en cuanto a encontrar el propósito único para tu vida. Con cada pensamiento que pasa por tu mente, estás constantemente redefiniéndote a ti mismo y redefiniendo tu futuro. **Tu diálogo interior, o autoconversación, puede y debe ser controlado eficazmente si es que has de aprovechar al máximo tu potencial pleno.** Controlar tu diálogo interior no es cuestión de magia, sino sólo un esfuerzo deliberado para alinear tus pensamientos con los planes óptimos de Dios para tu vida. Es entrenar tu mente por medio de tu boca. Mateo 12:34 dice: "De la abundancia del corazón habla la boca." Tus palabras e imágenes mentales reflejan lo que crees en tu corazón y si cambias esas palabras e imágenes, también cambiarás tu corazón.

Escapar del cubículo

Ha estado en la tapa de las revistas *Newsweek* y *Fortune,* apareció como el portavoz de una compañía multimillonaria y dos libros escritos acerca de él han ocupado el primer lugar de la lista de éxitos editoriales del *New York Times.* No, no estoy hablando de Jack Welch o Bill Gates; me refiero a Dilbert, el popular personaje de la tira cómica creada por Scott Adams, que cada día les recuerda graciosamente a los empleados de oficina que no están solos en su frustración.

Adams ha hecho carrera reflejando humorísticamente la vida del oficinista típico. Su tira cómica aparece en dos mil periódicos en sesenta y cinco países, lo que la convierte en una de las tiras cómicas más exitosas de la historia.[1] Cada año, sus fanáticos admiradores sostienen el imperio mercantil *Dilbert* comprando libros, alfombrillas, tazas para café y calendarios.

¿Cómo pudo salir Adams de su trabajo rutinario como ingeniero en Pacific Bell para llegar a ser un exitoso humorista gráfico? Utilizó un proceso llamado afirmaciones, que aprendió de una amiga que había leído un libro sobre el tema. Ella lo había probado con éxito y Adams creyó que él no perdería nada si lo intentaba. El proceso consistía en visualizar lo que deseaba y luego poner esa meta por escrito, haciéndolo sucesivamente quince veces por día hasta obtener lo que había visualizado.[2] Básicamente, se convenció a sí mismo de que iba a tener éxito.

AYUDA EXTERIOR

Adams había tenido éxito en sus estudios. En la secundaria se había graduado con muy altas calificaciones y en la Universidad Hartwick había recibido su título de licenciado en economía, pero conocía poco de la profesión a la que aspiraba. Quería ser humorista gráfico, pero no tenía idea alguna sobre cómo comenzar.

En 1986, Adams dio un paso significativo hacia su meta cuando se puso en contacto con Jack Cassady, el conductor de un programa especial de PBS sobre humoristas gráficos. Cassady respondió las preguntas de Adams y le animó a presentar su obra. Adams envió sus tiras cómicas a unas pocas publicaciones para consideración y muy pronto recibió cartas de rechazo. Dijo Adams, "Desanimado, guardé en un armario mis materiales de dibujo y decidí olvidarme de dibujar tiras cómicas."[3] Pero un año y medio después, Adams recibió otra carta de Cassady. El humorista gráfico le animó diciéndole que no se desalentara. Cassady le aseguró que su trabajo era muy bueno. Esto le dio a Adams la motivación necesaria para probar nuevamente.

AYUDARSE A SÍ MISMO

Adams había usado el método de afirmaciones en distintas áreas. Después de graduarse de la Universidad, quiso obtener una maestría en administración de empresas de la University of California en Berkeley; sin embargo, en su examen de ingreso no alcanzó el puntaje suficiente para que lo aceptaran. Con su nuevo sistema de pensamiento positivo, probó nuevamente: Visualizó su meta de alcanzar un puntaje de noventa y cuatro en el percentil, escribió esta meta quince veces cada día y se preparó para el examen con guías de estudio y exámenes de práctica. Cuando recibió los resultados de la prueba, no podía creer lo que tenía

Cómo convencerte a ti mismo del fracaso

- Nunca puedo recordar su nombre.
- Parece que siempre estoy sacando de mis ahorros.
- Perdí el hilo de pensamiento.
- Nunca puedo decir eso de la manera correcta.
- No puedes enseñarle trucos nuevos a un perro viejo.
- No se puede tener todo.
- Conozco mis limitaciones.
- Simplemente soy de esta manera.
- Estoy perdiendo la cabeza.
- Eso me enferma.
- ¡Qué mala suerte he tenido!
- Eso está fuera de mi alcance. No tengo dinero suficiente.
- No tengo tiempo suficiente.
- A los que me gustan no les agrado y los que me quieren . . . bueno, siempre hay algo malo con ellos.
- Eso es carísimo.
- Si tuviese dinero, sólo me preocuparía por no perderlo.
- Soy una prueba viviente de la ley de Murphy.
- Nunca entenderé ese tipo de cosas.
- Todo lo que como va directo a mi cintura.
- Nadie quiere pagarme lo que valgo.
- Solía tener tanta energía.
- Mi metabolismo se está desacelerando.
- Si me sucede tal cosa, voy a estar muuuyyy enojado.

delante de sus ojos. Había alcanzado un puntaje de noventa y cuatro en el percentil.[4] Y en 1986, Adams se graduó en la Universidad de California en Berkeley con una maestría en administración de empresas.

Cuando hizo el segundo intento de enviar sus tiras cómicas a varias publicaciones, dio los mismos pasos hacia el éxito escribiendo quince veces cada día: "Voy a llegar a ser un humorista gráfico que publica en los periódicos mayores."[5] Era una meta enorme para un artista desconocido. Probablemente sólo uno de cada diez mil humoristas gráficos logra publicar sus trabajos. Pero Adams sabía lo que quería y salió a buscarlo. Compiló sus trabajos en una presentación bien pulida y los envió a las agencias. Dos años después, *Dilbert* fue publicado. Hoy, casi veinte años después, millones de personas lo leen diariamente en sus periódicos cuando llegan a la sección de tiras cómicas o de negocios.

¿Qué es el diálogo interno?

Para definirlo de forma simple, el diálogo interno es lo que uno dice o piensa de sí mismo, ya sea silenciosamente o en voz alta. Comúnmente se considera que hablar con uno mismo en silencio es meramente pensar, pero en realidad es una conversación silenciosa que se realiza en la intimidad de la propia mente. Tú estás pensando todo el tiempo, día y noche. De hecho, los psicólogos estiman que la persona media tiene entre veinte mil y sesenta mil pensamientos por día. Cada pensamiento te mueve hacia tus metas y hacia la persona que tratas de llegar a ser, o te aleja de allí. Ningún pensamiento es neutral. Cada pensamiento tiene importancia. Desafortunadamente, alrededor de 90 por ciento de los pensamientos que tienes hoy son repeticiones de los de ayer y los de anteayer, y esta es la razón por la cual producir mejoras permanentes y positivas en tu vida tiende a ser un desafío arduo. La mente humana ama el statu quo, y si no se la entrena de otra manera, te alimentará con una repetición constante de viejas ideas. Estos viejos pensamientos, como un piloto automático, dirigirán tu vida en la misma dirección en la que lo han hecho siempre.

En la página 141 hay algunos ejemplos comunes de lo que las personas se dicen a sí mismas, en voz alta o silenciosamente.

Presta atención a casi cualquier conversación que dure de ocho a diez minutos y escucharás el diálogo tóxico —lloriqueos, quejas, inculpaciones, condenas y justificaciones. Escucharás a las personas argumentando apasionadamente a favor de sus limitaciones más queridas y también las escucharás criticando, a veces sutilmente, a aquellos que han vencido esas

> Como dijo el Rey Salomón hace varios miles de años, "Porque cual es su pensamiento en su corazón, tal es él" *(Proverbios 23:7, RV60).*

mismas limitaciones y han logrado mucho más con su vida. Algunos insisten en que no son negativos sino realistas; te están dando una descripción honesta de lo que es su vida en este momento. **La realidad es que dónde has estado y lo que has hecho importa muchísimo menos que hacia dónde vas.** Si persistes en pensar y hablar acerca de tu desempeño actual o anterior, entonces dónde has estado, dónde estás y hacia dónde vas, todo seguirá siendo una misma y única cosa. Esto es verdad con respecto a tu juego de golf, tu carrera, tu matrimonio y todas las áreas de tu vida.

CONVIÉRTETE EN UN VISIONARIO

El propósito de esta lección es ayudar a convertirte en un visionario de tu vida —alguien que pueda sentir cómo podrían llegar a ser las cosas en lugar de lo que son actualmente, alguien que reconoce la existencia del sol aunque sólo se vean nubes. Esta es una habilidad vital que escasea, y cuando tú la dominas, puedes crear oportunidades para ti mismo y para otros, oportunidades que la mayoría de las personas ni siquiera acepta como una posibilidad.

Considera alguna parte de tu vida que te gustaría mejorar. Puede ser una cualidad personal, un hábito, una actitud, un problema financiero, un desafío con tu peso o cualquier otra área con la que no estés satisfecho. Puesto que dicha área está por debajo de tus criterios, imagínate a ti mismo estando en un hoyo, muy por debajo de tu potencial. No importa demasiado cómo es que caíste en el hoyo, sino que estés consciente de que estás en el hoyo. Para salir, vas a tener que crear, buscar y hablar de ascender, y finalmente ascender. **Recuerda esto como la primera regla de los hoyos: Si estás en un hoyo, deja de cavar.** La mayoría de las personas tiene dificultad para salir de los agujeros de su vida simplemente porque se enfocan más en el agujero (que representa su circunstancia actual) que hacia dónde quieren ascender (que es la meta o la solución). Están atascados en la realidad de hoy y, como resultado, seguirán obteniendo más de lo que ya tienen.

Tú debes cambiar del pensamiento reactivo al pensamiento proactivo. Debes dejar de trabajar para tu mente, y en lugar de eso, alistar tu mente para que trabaje para ti. Recuerda, tu diálogo interior tiende a obrar en tu contra a menos que tengas conciencia de ello y lo uses para favorecer tu misión, tus metas y tus ambiciones.

En el resto de esta lección, usaré la expresión *diálogo interior* para referirme al diálogo interior positivo. **El diálogo interior positivo tiene que ver con pensamientos que eliges pensar intencionalmente debido a los resultados que van a producir en tu vida.** Son descripciones positivas, afirmativas, en tiempo presente, de metas u otras condiciones deseadas. Describe tu carácter y estilo de vida tal como han de ser cuando hayas alcanzado el máximo de tu potencial y logrado tus metas.

Todos nosotros tenemos creencias bien arraigadas acerca de nosotros mismos y de nuestras capacidades. Una creencia es una colección de pensamientos subconscientes que representan lo que consideras que es la verdad absoluta acerca de cierta situación en tu vida. Las creencias proporcionan un sentimiento de certeza absoluta. Tus creencias están literalmente fijadas, principalmente a través de la repetición, en los senderos neurales de tu cerebro. Los datos que entran por medio de tus sentidos viajan por esos senderos de camino hacia la interpretación en el cerebro. Esto significa que antes de la interpretación del cerebro, el ingreso de los datos se filtra a través de tus creencias. Por lo tanto, la realidad no es fija, sino que es manipulada por nuestras creencias. El diálogo interior representa una energía mental específica que recibe el cerebro, después la descarga dentro de las pistas neurológicas y las procesa para generar las acciones que llevamos a cabo.

No estamos conscientes de la mayor parte de nuestras creencias

porque hemos estado viviendo con ellas durante mucho tiempo. Como resultado, las creencias son como verdades asumidas que no es necesario cuestionar. Si nunca desafiamos una creencia, se adhiere a nosotros para siempre y llega a ser una convicción cada vez más fuerte.

Típicamente, las personas harán casi cualquier cosa para mantener intacta una creencia, aunque sea perjudicial o contraproducente. Puesto que el reemplazo de una creencia limitante o errónea requiere una combinación de curiosidad, humildad y valentía, ocurre muy raras veces. Muchas creencias limitantes también nos liberan de la obligación de pasar a la acción para ir en pos de las oportunidades, de dejar nuestra zona de comodidad o de asumir responsabilidades mayores. Incluso otras creencias limitantes nos proporcionan excusas convenientes para trabajar menos.

¿QUÉ ES LA REALIDAD?

Es importante recordar que lo que percibimos como realidad no es necesariamente verdadero en absoluto, sino sólo nuestra versión personal de la realidad. **Solamente tenemos una visión editada del mundo que nos rodea.** Esto se debe a que nuestras creencias, para bien o para mal, actúan como filtros, quitando cualquier evidencia que no las apoyen. Filtramos la realidad a través de nuestros sentidos, nuestro lenguaje, nuestras tendencias innatas y, especialmente a través de las generalizaciones relacionadas con nuestras experiencias personales. Es en esta cuarta categoría de filtrado donde podemos hacer un impacto considerable mediante el diálogo interior positivo. Las creencias que construyen el concepto que tienes de ti mismo provienen de las generalizaciones que has hecho a través de tu vida, y muchas de ellas son contraproducentes. Tendemos a aferrarnos a nuestras creencias limitantes de muchas maneras, como un niño se aferra a la manta que le da seguridad, incluso cuando haya evidencias de lo contrario.

La razón por la cual nuestro inconsciente se esfuerza tanto para mantener nuestras creencias es porque los seres humanos tienen una tendencia subconsciente a continuar haciendo lo que siempre han hecho, para ser consistentes con lo que han dicho y hecho en el pasado. Cualquier intento de cambiar los hábitos de pensamiento o de acción dispara el impulso homeostático, lo que te hace sentir inquieto e incómodo. Debido a que el cerebro humano busca la comodidad y el placer, y trata de evitar y alejarse de la incomodidad y el dolor, tu tendencia natural será volver a las antiguas maneras de hacer las cosas. Aunque esta tendencia es común, debes vencerla si has de cobrar vida y liberar todo tu potencial. Debes estar dispuesto a sentirte incómodo o inquieto si quieres obtener las recompensas de los niveles más elevados de eficacia personal.

Los Principios Mentales

Para obtener el beneficio pleno del diálogo interior, debes entender los siete principios mentales que lo sostienen. Por definición, los principios son intemporales. En efecto, existen para todos, en todo lugar, veinticuatro horas al día. Así como las leyes físicas no discriminan, tampoco lo hacen las siguientes leyes mentales:

1. Causa y efecto. Para cada efecto individual en tu vida, hay una causa o un grupo de causas. Si quieres producir un resultado específico en tu vida, debes comenzar por el resultado y retroceder hasta identificar la causa. La aplicación más importante de este principio es que tus pensamientos son causas y tus circunstancias son efectos. En otras palabras, la causalidad es mental. Nada sucede por accidente. El hecho de que no se pueda determinar una causa no significa que no exista una causa. Sin embargo, muchas personas atribuyen los efectos en su vida —los resultados que alcanzan— a la buena o a la mala suerte. Hacen esto por una de tres razones: (1) Si es mala suerte, para liberarse de un sentido de responsabilidad, porque eso desvía la atención de la causa real; (2) si es buena suerte, para aparecer como modesto o humilde; o (3) porque ignoran la verdadera causa.

2. Creencia. El principio de la creencia dice que cualquier cosa que tú creas acerca de ti mismo durante un tiempo suficiente y con la profundidad suficiente llega a ser verdad para ti. Según lo que crees, eso es lo que sucede contigo. Cualquier cosa que te digas repetidamente y con sentimiento eventualmente llegarás a creerla. No crees tanto en lo que ves, sino que ves lo que ya has decidido creer. **En general, tus creencias son las que producen tus experiencias de vida, y no al revés.**

"No pienses en un elefante color naranja," por supuesto de inmediato vas a pensar en él. Si dices, "Rehúso pensar en un elefante color naranja," todavía estás pensando en él.

Si alguien te dice que no te preocupes, continuarás preocupándote porque no puedes concentrarte

Los hombres y mujeres de éxito entrenan sus mentes para pensar sólo en lo que desean que suceda en sus vidas.

en lo opuesto de algo. Es imposible hacerlo. Pero si te doy otra cosa específica en la cual pensar, entonces el pensamiento nuevo desplaza al pensamiento actual. Puedes deshacerte de aquel elefante color naranja pensando en un gran caballo blanco. Este es el principio de substitución. Los pensamientos que te preocupan son remplazados con pensamientos de fe y confianza. Los pensamientos audaces reemplazan a los pensamientos temerosos. Tú puedes tener el control de tus pensamientos y, por extensión, de tu vida, reemplazando los pensamientos negativos y contraproducentes con pensamientos positivos y motivadores.

5. Equivalencia mental. Este principio establece que antes de la creación física, tiene que haber primero una creación mental. Así como un artista debe tener una visión de lo que va a pintar antes de tocar la tela con el pincel, tú también debes ver claramente el resultado final de lo que estás luchando por crear en tu vida. El mejoramiento de tus circunstancias siempre es precedido por el perfeccionamiento de tus imágenes mentales, de las imágenes dominantes que ocupan tu mente. **Esto significa que debes desarrollar una vívida imagen mental de cualquier meta que esperas alcanzar antes de alcanzarla realmente.** Antes de que puedas tener algo nuevo y diferente en tu vida, antes de que puedas tener algo nuevo y diferente en tu exterior, debes llegar a ser nuevo y diferente en tu interior, o en la manera como piensas. Un arquitecto debe desarrollar la versión mental de la casa que está diseñando antes de elaborar los planos. Los padres responsables deben visualizar hoy a sus hijos como los adultos exitosos que planean que llegarán a ser. Un pateador que quiere meter un gol de penal primero debe patearlo dentro de su cabeza y después hacerlo con su pie. Tú debes estar dispuesto a dejar salir lo viejo de ti para hacer lugar a lo nuevo. Debes estar dispuesto a liberarte de tus viejas imágenes mentales, de tus viejas maneras de pensar y hacer, si es que deseas verdaderamente tener una experiencia de vida nueva y mejor. El diálogo interior positivo fortalece tu equivalente mental mejorado, ocasionando que llegue a ser una poderosa fuerza magnética que atraiga a tu vida exactamente lo que necesitas para alcanzar tus metas.

> Cualquier cosa hacia la que dirijas tu mente será revelada en última instancia para conocimiento de todos.

6. Concentración. El principio de concentración afirma que aquello en lo que te enfocas crece y se expande. Serás eficaz en la medida que puedas concentrarte directa y exclusivamente en una cosa y perseverar en ella hasta que se realice. Si meditas en tus experiencias, bendiciones, metas positivas y en todas las personas a las que amas, atraerás aún más bendiciones, más amor y más logros. Cuanto más importancia le des a tu buena salud, más saludable te sentirás. Cuanto más medites en las cualidades positivas de tu cónyuge, más fuerte se volverá la relación. Esto obra para bien o para mal, de manera que debes ser cuidadoso con respecto a dónde pones tus prioridades mentales. Si dejas de pensar en algo (o no le prestas atención), tenderá a desprenderse de tu vida. Entonces, rehúsa considerar pensamientos que generen duda, temor o preocupación. Fíjate si puedes pasar veinticuatro horas teniendo solamente pensamientos de gozo, abundancia, alabanza y optimismo. Fíjate si puedes pasar todo un día sin siquiera un atisbo de miedo, crítica o negatividad de cualquier clase, tanto en tus pensamientos como en tus conversaciones.

El apóstol Pablo describe este principio en Filipenses 4:8: "Por último, hermanos, consideren bien todo lo verdadero, todo lo respetable, todo lo justo, todo lo puro, todo lo amable, todo lo digno de admiración, en fin, todo lo que sea excelente o merezca elogio."

Puedes construir cualquier virtud en tu mentalidad meditando cada día en esa virtud. Entonces, ¡elige pensar en cosas buenas! Para entender mejor esta máxima, y las estrategias específicas que incrementarán tu cociente de gozo, te animo a adquirir una copia de mi libro *The 4:8 Principle [El Principio 4:8]*.

7 principios mentales

1 | Causa y efecto

2 | Creencia

3 | Actividad subconsciente

4 | Substitución

5 | Equivalencia mental

6 | Concentración

7 | Relajación

7. Relajación. Esforzarse demasiado mentalmente de hecho resulta contraproducente. Mucho esfuerzo mental tiende a ser un fracaso tarde o temprano. En los trabajos físicos, mientras más duro se trabaja, más rápido se progresa. Mientras más duro trabajes cavando en la tierra, más pronto terminarás la zanja. Mientras más duro le des a un clavo con el martillo, más pronto penetrará en la madera. Pero cuando tratas de forzar mentalmente las cosas —o presionar, como dirían los atletas— tu mente se congela y deja de trabajar creativamente. Por lo general, esto produce más de lo que uno no quiere. Tu subconsciente absorbe más rápido el diálogo interior cuando estás relajado y calmado. Los pensamientos de preocupación, temor, ansiedad y duda son señales de un juego mental de tira y afloja que debemos eliminar. Y si uno forcejea con un pensamiento no deseado, lo que logra es inyectarlo con mayor fuerza. En lugar de hacer eso, reemplázalo delicada y serenamente con una idea positiva o constructiva y el pensamiento negativo desaparecerá. Trata de mezclar tu diálogo interior con un sentido sereno de expectación positiva, sintiendo y sabiendo que Dios tiene el control de todo. Como dice Romanos 8:28: "Ahora bien, sabemos que Dios dispone todas las cosas para el bien de quienes lo aman, los que han sido llamados de acuerdo con su propósito." **Recuerda que Dios siempre está comprometido con tu bienestar.**

La fórmula E.E.T.P.

El diálogo interior eficaz se crea usando la fórmula E.E.T.P: se Expresa positivamente, Estimula la emoción, está en Tiempo presente y es Personal.

En tu diálogo interior, usa lenguaje específico, preciso y *expresado positivamente.* Di "estoy leyendo una hora cada noche" en lugar de decir "ya no estoy malgastando mis noches mirando televisión." En lugar de afirmar "no estoy comiendo helados," di "sólo estoy comiendo alimentos nutritivos y de gran valor energético." Debido a que tu mente piensa en imágenes, tiene problemas para procesar una meta establecida negativamente. Es difícil, si no imposible, que tu mente pueda crear una imagen de ti mismo *no* haciendo algo. Expresar de manera positiva el diálogo interior también cambia tu percepción de lo que quieres y de lo que no quieres. En segundo lugar, tu diálogo interior debería *estimular la emoción*, haciendo que sientas algo de emoción aun antes de experimentar lo que deseas. Mientras más sentimiento entremezcles con tu diálogo interior, más rápidamente impactará en el subconsciente. Experimenta usando palabras audaces que sean divertidas y apasionadas. Usa palabras que no hayas usado mucho anteriormente. Rompe la rutina verbal. En tus diálogos interiores también trata de agregar palabras que describan sentimientos, tales como *fácilmente, gozosamente, descansadamente, atrevidamente, infinitamente* o *agradecidamente.*

Además, tus diálogos interiores siempre deberían hacerse en *tiempo presente.* La mente subconsciente, que es donde se arraigan los cambios permanentes, no reconoce el pasado o el futuro. Funciona solamente en el aquí y ahora. Puedes hacer cambios subconscientes más eficazmente comunicándote en el lenguaje que tu mente subconsciente entiende: el tiempo presente. La teoría de la disonancia cognitiva afirma que cuando uno tiene dos pensamientos psicológicamente inconsistentes, se produce una disonancia o un sentido de tensión y de sentimientos discordantes. El subconsciente, en un intento de reducir la incomodidad de los mensajes en conflicto, hace todo lo que puede para crear la sugerencia o el diálogo interior que se le ha impuesto más recientemente. **La repetición de una afirmación específica en tu diálogo interior reduce la brecha que hay entre el consciente en conflicto y las creencias subconscientes.** Mediante una repetición persistente, se borran y reemplazan nuestros surcos neurológicos y de hecho se crea un software mental actualizado. Entonces, la computadora subconsciente te proporciona las palabras, las acciones, los instintos, las peculiaridades, el lenguaje corporal, la creatividad, las emociones y otras respuestas que son coherentes con las imágenes mentales más dominantes que están grabadas en el cerebro.

Inicialmente, el uso del tiempo presente puede hacerte sentir incómodo porque estás hablando del futuro como si ya estuviera aquí. Dado que la mayoría de nosotros no ha aprendido a comunicarse de esta manera, seguramente resultará extraño. Simplemente acepta que así es como trabaja nuestra mente. Cuando afirmas tus metas y sueños como si ya los hubieras alcanzado, cambias de estar empantanado a ser un visionario. **Las palabras más poderosas en el idioma español son las que siguen a las palabras** *yo soy, yo estoy.*

La última P es para *personal.* El diálogo interior que tú mismo diseñas, que es propio de tus circunstancias, tu carácter y tus metas, es el diálogo más eficaz. Experimentarás una conexión más poderosa con el diálogo interior que has elaborado por ti mismo. Sin embargo, cuando comienzas, a menudo resulta útil tomar prestados diálogos interiores de otras fuentes para después editarlos y personalizarlos. **Cualquier diálogo interior repetido con la frecuencia suficiente será incorporado y llegará a formar parte de tu estructura mental única.**

Formulando tu propio diálogo interior

Debido a que todo lo que pienses o digas debería guiarte hacia el cumplimiento de tu propósito y el logro de tus metas, debes revisar regularmente tu declaración de misión personal e identificar las metas más importantes para tu vida. Además, deberías tener en claro por qué estas metas son importantes para ti y cómo las vas a alcanzar, es decir: ¡el plan de acción! De manera que, antes de hacer el intento de crear tu propio diálogo interior, invierte el tiempo y el esfuerzo mental necesarios, como lo tratamos en las lecciones 2 y 3, para poner en claro el qué, el por qué y el cómo. Después que hayas determinado los resultados por los que te estás esforzando, imagina que ya has alcanzado esos resultados. Mírate como que ya has alcanzado tus metas más importantes. Piensa "como si . . ." y experimenta la satisfacción y el sentido de realización. Ahora hazte esta pregunta importante: "Si ya hubiera logrado estas metas, ¿qué cosas creería acerca de mí mismo que ahora no creo verdaderamente?" Haz un lista de lo que venga a tu mente. ¿Qué creerías acerca de ti mismo, de tus aptitudes, tu fuerza mental, tus hábitos personales y tu potencial? ¿Qué creerías acerca de tu estilo de vida? ¿Qué creerías acerca de tus finanzas en particular o de la economía en general? ¿Qué creerías acerca del mundo? Finalmente, ¿qué creerías acerca de tu futuro particular?

Responder a estas preguntas es una manera proactiva de desarrollar

Expresado positivamente

Estimula la emoción

Tiempo presente

Personal

la mentalidad de la persona que debes llegar a ser si quieres alcanzar tus metas. Antes de que puedas tener, debes hacer; pero antes de que puedas hacer, debes llegar a ser. Y si no pones el fundamento de llegar a ser la persona correcta, cualquier cosa que logres ciertamente se te escabullirá. No será —de hecho, no puede ser— permanente.

Permíteme compartir otra técnica para ayudarte a clarificar tus creencias: Piensa en una de las metas más importantes que quisieras alcanzar en los próximos tres años. Desarrolla en tu mente una imagen clara de esa meta. Ahora responde a esta pregunta simple pero profunda: ¿por qué no la has alcanzado antes? Si tu meta es ser independiente financieramente, y esto es muy importante para ti, entonces, ¿por qué no eres independiente financieramente todavía? ¿Por qué no has alcanzado esta meta todavía? Cualesquiera sean las respuestas que se te ocurran, ya sean lógicas, basadas en hechos o matemáticas; ya sean exageraciones, distorsiones, miedos u otras excusas de la imaginación, todavía son reales en lo que respecta a alcanzar tus metas. Cada respuesta que se te ocurra representa una creencia limitada o un punto ciego en tu equivalente mental. El diálogo interior te ayuda a reforzar tu equivalente mental. Te da la capacidad de crear y fortalecer las creencias que apoyan a la persona que quieres llegar a ser y a las metas que quieres alcanzar.

Puedes transformar cualquiera de tus respuestas para tu provecho practicando la *terapia positiva opuesta,* que es activada por el principio de la substitución.

La terapia positiva opuesta te proporciona el alimento mental con el que debes contar antes de alcanzar las metas. Si tú meditas en creencias positivas acerca de ti mismo, ellas se arraigarán y se multiplicarán convirtiéndose en convicciones fuertes, que sustituirán a las antiguas creencias negativas. Puedes desplegar tus energías mentales de la mejor manera enfocándolas en la dirección donde quieres ir, en lugar de enfocarlas en donde estás o donde has estado. Recuerda, puedes determinar —ya sea intencional o fortuitamente— lo que crees. Lo que eliges creer sobre ti mismo es una decisión completamente tuya. La pregunta importante es: ¿Qué deberías creer? A la luz de lo que intentas llegar a ser en el transcurso de tu vida, ¿qué deberías creer hoy para que mañana puedas alcanzar los resultados apropiados? Sabemos que las creencias están primero y los resultados vienen después. Entonces, ¿qué deberías creer? Para que puedas responder de manera correcta a esta pregunta, es necesario que primero tengas bien en claro lo que será tu futuro. Mientras más clara sea tu visión del futuro, más fácil será determinar lo que debes creer primero a fin de llegar allí.

LA PERSONA QUE DEBES LLEGAR A SER

Cuando formules tu diálogo interior, considera las cosas que necesitarás a fin de alcanzar tus metas: ciertos hábitos, habilidades, conocimientos y actitudes, virtudes particulares, cualidades diferentes y un sistema específico de creencias. Pregúntate: "¿Qué clase de persona necesito ser antes de poder alcanzar estas metas?"

Crear tu propio diálogo interior te obligará a mirar la realización de tus metas desde todos los ángulos. Pregúntate: "¿qué habilidades necesito desarrollar?" Y cuando hayas determinado cuáles son esas habilidades, conviértelas en una declaración mediante el diálogo interior. Por ejemplo, si quieres desarrollar las habilidades para comunicarte,

Si tu meta es llegar a ser independiente financieramente, entonces tus respuestas a la pregunta "por qué ya no lo has . . . ?" podrían sonar parecidas a esto:

- Soy muy joven para ser independiente financieramente.
- No empecé a planificar con antelación suficiente.
- Todavía no lo merezco.
- Necesito meterme en otra especialidad.
- No soy bueno para las estrategias de inversión.
- No fijé mis metas lo suficientemente alto.
- Creo que se necesitan alrededor de treinta años para ser rico.
- Todavía desperdicio mucho tiempo en papeleo.
- Tengo muchos gastos familiares ahora.
- Los impuestos son muy elevados.
- Las tasas de interés son muy bajas.
- Etcétera . . .

afirma constantemente: "Me comunico con eficacia, escucho bien y hago buenas preguntas." Haz lo mismo con los hábitos. Determina cuáles son los hábitos que necesitas desarrollar, las cosas que necesitas hacer regularmente para llegar a ser la persona que has descrito y para alcanzar las metas que quieres lograr, y entonces afirma que ya tienes esos hábitos. De manera similar, afirma que ya tienes el conocimiento que necesitas y afirma que las cualidades, características, virtudes y actitudes que necesitas ya están en su lugar. Piensa como si ya fueras la persona que quieres llegar a ser.

A medida que formules estas declaraciones mediante el diálogo interior, trata de usar la palabra *ahora,* ya sea al comienzo o cerca del final: "Ahora estoy alcanzando las metas más rápido que nunca antes." "Me acepto completamente ahora mismo." También experimenta usando verbos tales como *hacer, lograr, satisfacer, ganar, acumular, crear, encontrar, ayudar, amar.* El uso de verbos en tus declaraciones te ayuda a imaginarte habiendo alcanzado ya la meta.

La mayoría de tus declaraciones mediante el diálogo interior debería comenzar con la palabra *yo* o *mi.* También he descubierto que para crear afirmaciones positivas es particularmente útil agregar una de las siguientes expresiones:

> espero . . .
> estoy listo para . . .
> estoy preparado . . .
> estoy abierto a . . .
> acepto . . .
> recibo . . .
> amo . . .
> me siento cómodo con . . .
> permito . . .
> soy digno de . . .
> estoy dispuesto a . . .
> merezco . . .

Decide lo que quieres crear en tu vida y después inserta estas palabras clave en tus declaraciones en forma de diálogo interior. Repite incansablemente que *esperas* alcanzar tu meta —que estás *listo* para ella, *preparado* para ella, *abierto* a ella, que la *aceptas* en tu vida, que la *recibes* ahora y que te sientes *cómodo* con ella. Afirma repetidamente que eres *digno* de tu meta, que la *amas,* que la *mereces* y, finalmente, que estás *dispuesto* a hacer todo lo que sea necesario para alcanzarla. La naturaleza de estas órdenes autoritarias reduce la resistencia psicológica a los cambios y ayudan a impedir que te repliegues a tu zona de comodidad. Entonces, bombardéate con pensamientos como estos. Fuérzalos a entrar en tu mente de manera que penetren en el subconsciente.

Simplemente crea declaraciones de diálogo interior que están cerca a lo opuesto de la creencia limitante. Por ejemplo:

- *"Soy muy joven para llegar a ser independiente financieramente"* se convierte en "Tengo la edad perfecta para disfrutar de la independencia financiera."

- *"Todavía pierdo mucho tiempo en papeleo"* se convierte en "Me concentro en la creación de nuevos negocios y delego todo lo demás."

- *"Aún no lo merezco"* se convierte en "Estoy listo y soy digno de ser financieramente independiente ahora mismo."

FORTALECE TU MENTE

Recuerda, gran parte de la vida es simplemente un ejercicio para fortalecer tu mente. Una mente débil permite que un continuo flujo de pensamientos gire a 150 kilómetros por hora sin poder canalizarlo en ningún momento en una sola dirección. Cada pensamiento o cada palabra activa una imagen. Entonces, como sucede con las instrucciones que sigue una computadora, esas imágenes actúan en ti. De manera que efectúa este cambio interior: en lugar de recibir órdenes, da órdenes, y llegarás a ser un pensador intencionado y resuelto. Con la práctica, como sucede con todo lo demás, el diálogo interior exitoso llegará a ser una reacción automática. Comenzarás a sorprenderte y a sorprender a los demás regularmente.

LA CONVERSACIÓN SILENCIOSA

Hay distintas maneras de usar el diálogo interior. La primera de ellas es la conversación silenciosa, que consiste en tomar el control de los pensamientos que ocupan tu mente. Simplemente repite una y otra vez declaraciones en forma de diálogo interior. Piensa en lo que quieres pensar. Esto sirve para varios propósitos: Primero, te mantiene enfocado en tus metas, en aquello que deseas a diferencia de aquello que temes. Segundo, la conversación silenciosa entrena tu mente para que piense determinadamente en lugar de pensar fortuitamente. Sé un pensador proactivo en lugar de ser un pensador reactivo. Entonces, estas conversaciones silenciosas gradualmente llegarán a ser tu habitual patrón de pensamiento. Lo que comenzó como un intento desafiante para mejorar tu pensamiento llega a ser un hábito mental que no te demanda ningún esfuerzo y que es sumamente productivo. El tercer beneficio de la conversación silenciosa es que interrumpe y aparta los pensamientos viejos y contraproducentes a través del principio de la sustitución.

LA EXPRESIÓN MEDIANTE PALABRAS

La expresión mediante palabras, o autoconversación audible, cumple la misma función que la conversación silenciosa, pero es considerablemente más persuasiva y poderosa. Cualquier cosa que digas en voz alta, con pasión y convicción, tiene el doble de impacto de lo que te dices silenciosamente. Esto sucede porque al usar algunos otros sentidos estás involucrando más de tu cerebro. Cuantos más sentidos uses, tu diálogo interior será asimilado y absorbido por tu subconsciente más rápidamente. Y si incorporas velozmente las instrucciones, mejorarás con mayor celeridad. Al escucharte pronunciar tu pensamiento, completas lo que los expertos en psicolingüística llaman el lazo del lenguaje. Esto crea un refuerzo doble porque tus oídos escuchan tu voz dando una orden. Así que repite tu diálogo interior con ganas. Hazlo en voz bien alta, si eso intensifica la sensación; grita tu diálogo interior. **Recuerda, tú eres el encargado de enviar las instrucciones operativas a tu subconsciente. Si no lo haces tú, lo hará otro. Puedes estar seguro de eso.** Haz lo que tengas que hacer para que se entienda el significado del mensaje. La persona más importante a la que tienes que impresionar eres tú mismo. Y si tú mismo te convences, puedes convencer al mundo.

Si estás comenzando con el diálogo interior en voz alta, es posible que al principio desees experimentarlo en privado. Si por la mañana vas a tu trabajo solo en tu automóvil, tienes una oportunidad maravillosa para gritar tu diálogo interior. Tendrás un día con un poderoso comienzo y evitarás el veneno de la mayoría de los programas radiales matutinos. Incluso podrías

Mucha gente se dice cosas que nunca jamás le dirían a un amigo que respetan. Réspetate a ti mismo. Respáldate a ti mismo.

romper la monotonía del viaje matutino y llevar una sonrisa a los otros conductores que te vean conversando contigo mismo. Expresarse en voz alta en la ducha es otra manera fácil de prepararse para un día fantástico. Hasta puedes cantar tu diálogo interior. Prepara canciones que afirmen la realidad que quieres crear. Todos tienen una buena voz en la ducha.

LA CONVERSACIÓN FRENTE AL ESPEJO

Si estás dispuesto a sentirte un poco incómodo al principio, descubrirás que la conversación con el espejo genera una intensa reacción emocional. La manera de hacerlo es esta: Para practicar, elige una orden específica que vas a expresar mediante el diálogo interior. Entonces, ponte de pie con confianza y bien erguido frente a un espejo, preferentemente un espejo que refleje todo tu cuerpo, y haz un buen contacto ocular contigo mismo. Se ha dicho que "los ojos son las ventanas del alma" y después que pruebes este método, entenderás exactamente lo que significa este dicho. Mira profundamente a tus ojos y repite tu diálogo interior en voz alta, con tanto sentimiento como te sea posible. Recita esta orden específica entre cincuenta y cien veces y resiste el impulso de interrumpir el contacto ocular.

Con frecuencia, esta técnica produce una reacción emocional estimulante, particularmente cuando el diálogo interior tiene que ver con tu autoestima y tu autovaloración. Sin embargo, muchas personas encuentran que en la superficie aparece una oleada de negatividad subconsciente. Esto está bien; de hecho es vitalmente importante, porque el descubrimiento de creencias limitantes y destructivas es el primer paso para eliminarlas. Si dudas de la eficacia de este método, pruébalo antes de ir a dormir, afirmando con entusiasmo: "¡Estoy alerta y con una energía sin límites! ¡Estoy alerta y con una energía sin límites!" mientras te miras a los ojos en el espejo. Después ve si puedes ir directamente a dormir. ¡Pronto llegarás a ser un creyente!

LA CONVERSACIÓN CON UN COMPAÑERO

Para la conversación con un compañero, dale a tu cónyuge o a un amigo de confianza un conjunto de declaraciones de diálogo interior expresadas en segunda persona. Por ejemplo, tu compañero podría afirmar: "Eres delgado, musculoso y tienes confianza en ti mismo. Crees en ti mismo. Tus ingresos son de $100.000 anuales." Tu compañero pronuncia esas afirmaciones ante ti y tú aceptas cada afirmación respondiendo: "Sí, lo soy," o "Sí, lo son, gracias." Después intercambien los roles y haz lo mismo con tu compañero. Recuerda, lo que te dicen los demás influye fuertemente sobre el concepto de uno mismo. La mejora permanente en lo exterior viene solamente después de que mejoras el concepto que tienes de ti mismo. Y cuando se usan deliberadamente, las declaraciones de otros pueden sobrepasar poderosamente a los viejos "guiones" y pueden reforzar los nuevos y positivos hábitos de pensamiento y de comportamiento.

Una variación más informal de este método es llegar al siguiente acuerdo con un amigo o con tu cónyuge cada vez que se vean o se hablen. Él o ella afirmarán que tú ya has adquirido una cualidad particular o que ya has logrado una meta específica. Dado que tu mente subconsciente procesa las declaraciones afirmativas y positivas de los demás como si fueran realidades, no hay límite para el progreso que puedes lograr. Las repetidas declaraciones de otros suelen tener mucho peso. En El Club 1%, nos saludamos con un auténtico "felicitaciones" en lugar del convencional "hola."

EL DIÁLOGO INTERIOR

El diálogo interior es una forma avanzada de programación subconsciente que requiere que las personas controlen ambos lados del diálogo. El diálogo interior funciona bien porque es lo que más se parece al continuo e inconsciente diálogo interior que tenemos con nosotros mismos.

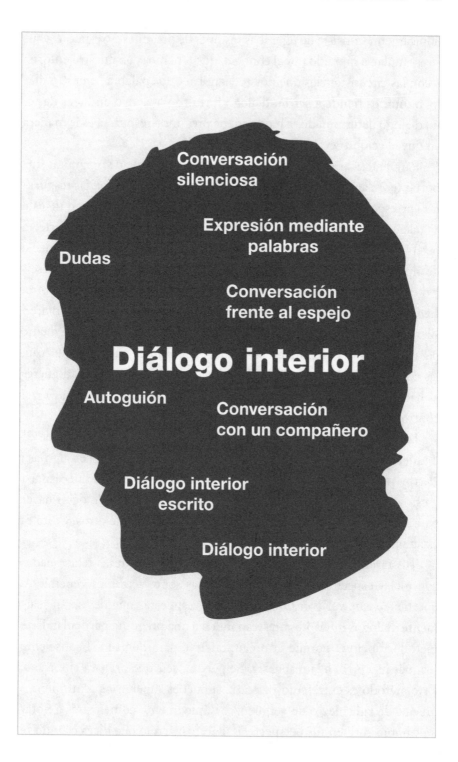

Conversación silenciosa

Expresión mediante palabras

Dudas

Conversación frente al espejo

Diálogo interior

Autoguión

Conversación con un compañero

Diálogo interior escrito

Diálogo interior

Típicamente consiste de repetidas sesiones de preguntas y respuestas que se estimulan a menudo por el contacto que tenemos con nuestro entorno y con las circunstancias que nos rodean. En otras palabras, nuestro diálogo interior tiende a ser un diálogo fortuito y reactivo en lugar de ser un diálogo determinado. El formato de pregunta-respuesta es la manera en que el cerebro evalúa nuestras experiencias.

Para practicar el diálogo interior, escribe una serie de preguntas importantes relacionadas con tu carácter y tus metas, junto con las respuestas correspondientes a cada una de las preguntas. El propósito de este ejercicio es que las preguntas sean respondidas de la forma más perfecta posible. ¿Te gustaría poder contestar cada pregunta? Una manera sencilla de organizar tu diálogo interior es usar tarjetas en blanco. Toma entre seis y diez tarjetas, escribe una pregunta de un lado y la respuesta del otro. Lee las preguntas y las respuestas correspondientes varias veces al día, en silencio o en voz alta. El uso repetido de esta técnica entrena tu mente para que considere solamente los diálogos interiores que te fortalezcan, las conversaciones que te lleven en direcciones positivas. Así adquieres el hábito de hacer mejores preguntas y dar mejores respuestas. Y así controlas el diálogo interior en lugar de que te controle a ti.

Este es un ejemplo de pregunta: "Buenos días. ¿Cómo estás hoy?" Tú decides cómo responder a esta pregunta, pero podría ser algo así: "Estoy muy bien esta mañana. Dormí exactamente lo que necesitaba y estoy ansioso por salir. Tengo claras mis metas y lo que debo hacer para alcanzarlas. Hoy espero lo mejor de mí mismo y de otros, y esto es exactamente lo que voy a conseguir."

Tus tarjetas deberían incluir una mezcla de preguntas relacionadas con metas específicas junto con preguntas sobre actitudes generales o que tienen que ver con tu carácter. Las respuestas que des serán realmente diálogos interiores que responden a una pregunta particular. Este método funciona porque la pregunta sirve para que tu subconsciente sea más receptivo a la respuesta. Se puede decir que prepara el terreno. Este método es entretenido y eficaz si puedes superar los sentimientos previos de ridiculez o de vergüenza. Rápidamente comenzarás a notar un cambio sutil en tus perspectivas, hábitos y en lo que dices cuando te hablas a ti mismo. Para lograr un efecto adicional, haz que tu cónyuge o un compañero te hagan una o más preguntas de tus tarjetas.

EL DIÁLOGO INTERIOR ESCRITO

El diálogo interior escrito es la práctica constante de escribir y reescribir tus metas y declaraciones en forma de diálogo interior de apoyo. Reescribir tus diálogos interiores es una actividad muscular psiconeural que ayuda a alinear

Lo que enfatizamos conscientemente queda grabado en el subconsciente.

tus creencias subconscientes con tus metas conscientes. Cada vez que escribes de nuevo tu diálogo interior, este llega a ser más claro y más real. Incluye pensar en un resultado deseado, imprimirlo en el papel y revisarlo cuando está terminado. Esto te fuerza la integración de varios sentidos apuntando hacia el mismo resultado, te ayuda a interiorizar el diálogo contigo mismo. Tu descripción escrita en tiempo presente activa tu corteza reticular, esa porción de tu cerebro que determina aquello de lo que estás consciente. **Cada vez que reescribes tu diálogo interior, percibes mejor la sabiduría, las ideas, la información, la gente y otros recursos que pueden ayudarte a alcanzar tus metas.** Reescribir estos pensamientos o afirmaciones regularmente, de cinco a diez veces por día, hace que tu mente los interprete como que son mucho más significativos que los otros veinte a sesenta mil pensamientos que tienes cada día. Por consiguiente, el diálogo interior aumenta tu percepción de las órdenes dadas. Llegas a ser hipersensible a lo que te impulsa hacia tu meta y también a lo que no lo hace. Cualquier cosa que enfatizas conscientemente queda impresa subconscientemente. **Cualquier cosa que expresas llega a ser impresa.**

Debido a que piensas en imágenes, asegúrate de imprimir tus diálogos interiores en letras de imprenta bien gruesas. Esto le permite a tu cerebro absorber una imagen clara. También toma más tiempo para escribir, forzándote a quedarte quieto, concentrarte y pensar más profundamente sobre la persona que quieres llegar a ser y las metas que tienes la intención de alcanzar. Escribir y leer tus diálogos interiores simultáneamente te afecta a un nivel muy profundo; es como una dosis doble de energía, pero sin cafeína.

El diálogo interior escrito es eficaz en cualquier momento, pero especialmente si es lo primero que haces por la mañana y lo último por la noche. Durante estos dos períodos (de unos quince minutos aproximadamente después de levantarte y unos quince minutos antes de dormirte), la actividad de tus ondas cerebrales se desacelera y te pone en un estado altamente programable. El diálogo interior escrito canaliza tu atención hacia lo que es más importante y te aleja de lo que es menos importante. Esto no debe tomarte más de cuatro a ocho minutos, y encontrarás que es una manera inspiradora y refrescante de comenzar y terminar cada día. Si piensas en una manera mejor de expresarlo, siéntete en libertad de revisar tu diálogo interior sobre la marcha.

Reescribir tus metas regularmente también puede ayudarte a descubrir aquellas creencias conflictivas que tienes acerca de una meta en particular. El reescribir constantemente tus metas tiende a convertirse en una adicción positiva si tus metas son las correctas. Por otro lado, si una meta no es correcta para ti, puedes desarrollar una cierta aversión a estar reescribiéndola constantemente, casi como el cuerpo rechaza un órgano incompatible. Este es un indicio valioso para descubrir que estás en un camino equivocado y puedes ahorrar meses e incluso años de esfuerzos frustrados.

EL AUTOGUIÓN

El autoguión consiste en guardar tu diálogo interior en un grabador. Escucharte a ti mismo repetidamente dando órdenes positivas es una manera sencilla de reprogramarte. Para hacer tu propio autoguión, elige entre diez y doce declaraciones escritas positivamente y que apoyan tus metas. Recuerda la fórmula E.E.T.P: elabora tu diálogo interior con frases positivas, que despiertan emoción, en tiempo presente y en forma personal. Puedes concentrar todas las declaraciones en un área de tu vida o puedes dividirlas en áreas diferentes. Yo prefiero especializarlas, concentrándolas en un área que ocupe toda una grabación o por lo menos toda una pista. Una vez que has decidido cuáles serán las declaraciones en forma de diálogo interior, necesitarás un grabador digital y un reproductor de CD para contar con música de fondo. La música clásica suele ser la mejor, porque te ayuda a relajarte y concentrarte cuando escuchas, pero cualquier tipo de música instrumental que sea relajante tendrá el mismo efecto. Lee tu diálogo interior en el grabador mientras suena la música de fondo. Repite de tres a cinco veces cada una de las declaraciones antes de pasar a la siguiente. También es una buena idea alternar: una con voz fuerte y autoritaria, una relajada y una susurrada.

La primera ronda de diálogo interior siempre contiene declaraciones en tiempo presente y primera persona. Sigue repitiendo el ciclo de diálogo interior hasta el fin de la grabación. Quizá quieras repetir el ciclo en segunda persona, como si otro lo estuviera afirmando acerca de ti. Por ejemplo: "Eres una persona orientada hacia la meta." Escucha tu nuevo guión tan frecuentemente como te sea posible. Recuerda que no es importante estar prestando mucha atención siempre. Nada más con oírlo ya estarás obteniendo un beneficio. Quizás también quieras grabar una descripción en tiempo presente de tu día ideal, de tu declaración de misión personal o de cualquier importante acontecimiento próximo en el que estarás involucrado.

LAS PREGUNTAS SUGESTIVAS

El último método de diálogo interior es el que llamo de *preguntas sugestivas,* una técnica indirecta y sutil para programar tu mente subconsciente. La pregunta sugestiva es el proceso deliberado de hacerte preguntas específicas que presuponen las condiciones y circunstancias que deseas. Para ayudarte a entender mejor esto, permíteme darte algunos ejemplos comunes de preguntas sugestivas negativas:

¿Por qué no puedo perder estos últimos dos kilogramos?

¿Por qué siempre estoy tan cansado cuando me levanto?

¿Cómo es posible que siempre me distraiga?

¿Cómo pude ser tan torpe?

¿Por qué siempre estoy sacando de mis ahorros?

¿Por qué nunca recibo el reconocimiento que merezco?

¿Por qué me subestimo siempre?

Lo que hace que las preguntas de arriba sean negativas y autolimitantes es que están estructuradas de una manera que realmente asume o da por sentado la condición no deseada. Si preguntas "¿Cómo pude ser tan torpe?" en primer lugar estás asumiendo que de hecho eres un torpe, en lugar de ser alguien que en el pasado ha actuado ocasionalmente como un torpe. Segundo, estás ordenando a tu subconsciente que produzca la evidencia que apoye lo que tú das por sentado. En otras palabras, estás poniendo en movimiento una profecía decepcionante que se cumplirá porque así lo crees. Recuerda, tu subconsciente acata obedientemente las directivas que le dan tú y los demás. Ten cuidado con las preguntas presuntivas de aquellos que viven o trabajan contigo. ¿Son preguntas que te ayudan o te dañan?

Extrae lo mejor

Las preguntas sugestivas te ayudan a controlar conscientemente las preguntas que te haces repetidamente. Tu pensamiento sólo puede ser tan bueno como las preguntas que haces, así que haz preguntas que dirijan tu atención a las cosas mejores de tu vida. Haz preguntas que desafíen tu creatividad y tu potencial. Haz preguntas que tengan potencial. Haz preguntas que extraigan lo mejor que hay en ti. Aquí hay algunos ejemplos:

¿No soy afortunado por tener tan buena salud?

¿No soy afortunado por tener toneladas de energía?

¿Cómo puedo ser más productivo hoy y disfrutar del proceso?

¿Qué podría suceder esta semana que me diera placer y satisfacción total?

Me pregunto, ¿a cuántas vidas impactaré positivamente hoy?

¿No es grandioso que siempre esté en el lugar correcto en el momento justo?

Las preguntas de arriba son motivadoras porque asumen una condición o un resultado positivo y deseado. Cuando pregunto: "¿No soy afortunado por tener tan buena salud?" la sugerencia es: "Ya tengo muy buena salud." Así es como el cerebro la interpreta. Cuando pregunto: "¿No es grandioso que siempre esté en el lugar correcto en el momento justo?" realmente me estoy programando para estar en el lugar correcto en el momento justo. Cuando pregunto: "¿No soy afortunado por tener toneladas de energía?" estoy afirmando que ya tengo muchísima energía.

Descubrirás que estas preguntas cambian inmediatamente tu enfoque y, en consecuencia, cambian tus sentimientos y tu nivel de creatividad, entusiasmo y motivación.

¿No eres afortunado por estar leyendo esta lección?

Quince ideas prácticas

Aquí hay quince ideas o datos clave que te ayudarán a convencerte del éxito y a sacar el mayor provecho de esta lección.

1 | En situaciones donde estás hablando de algo que quieres que suceda, siempre usa la palabra *cuando* en lugar de *si*. Di: "Cuando haga esta venta," o "Cuando pierda ese peso . . ."

2 | Toma el control de tu estilo explicativo, es decir, de la manera como interpretas los acontecimientos pasados. Da un giro positivo a las cosas —o dales el sesgo adecuado, como dicen en política— mirando hacia atrás y reinterpretando cualquier situación aparentemente negativa y minimizando mentalmente su importancia. Esto reduce el efecto que el pasado tiene en tu futuro.

3 | Ten cuidado con los medios masivos de comunicación, con la constante influencia sugestiva de la radio, la televisión, los periódicos, las revistas y los letreros publicitarios. Se estima que la persona media está expuesta

diariamente a más de mil quinientos mensajes de publicidad. Si piensas como piensan las masas, obtendrás lo que obtienen las masas. No vayamos hacia allá.

4 | Nunca permitas que alguien te diga algo en tu presencia, o que diga algo acerca de ti, que tú sinceramente no quieres que suceda. Mantente atento cuando alguien comienza una frase con la palabra *tú* en las conversaciones cotidianas. Tu interacción con los demás juega un papel importante en lo que crees que es verdad acerca de ti mismo. A veces es algo sin importancia. A veces es algo importante. ¡Pero siempre cuenta! Sé consciente especialmente de los viejos amigos que continúan hablando de ti como la persona que eras pero que ya no quieres ser. Aunque no puedes controlar lo que otros te dicen, puedes aumentar el tiempo que pasas con personas que son positivas y que te alienten. Sé valiente y pídeles a tus amigos íntimos y a tus familiares que apoyen verbalmente los esfuerzos que haces para crecer y mejorar.

5 | Al tratar con otras personas, particularmente aquellas que viven y trabajan contigo, nunca las describas como algo que no quieres que sean. Simplemente vas a reforzar su tendencia a ser de esa manera. Si quieres que las personas sean más puntuales, lo peor que puedes hacer es gritarles o mirarlos a los ojos y decirles: "¡Siempre llegas tarde!" Evita esta tentación u obtendrás más de lo mismo.

6 | En cualquier momento en que te encuentres pensando algo negativo o contraproducente, di la palabra *cancelar*, *próximo* o *desviar*. Después di o piensa lo que realmente quieres creer. Esta técnica interrumpe y debilita los patrones de pensamiento que te limitan.

7 | Haciendo siempre lo que dices fortalecerás tu carácter y literalmente te programarás para crear la realidad dictada por tus palabras. Entonces, decide cumplir con cada compromiso que has hecho contigo mismo y tu diálogo interior llegará a ser más poderoso. En otras palabras, actúa de acuerdo a lo que dices.

8 | Rehúsa reclamar o poseer algo que no quieres incorporar a tu estilo de vida. Por ejemplo: no digas "mi resfrío," "mi dolor de cabeza," "mi espalda dolorida," "mi deuda" o "mi margen de precios." En lugar de eso, únete mental y verbalmente a lo que *sí quieres*, tal como la tranquilidad, el gozo, las relaciones sólidas, la abundancia y la buena salud.

9 | No importa cuán comunes puedan ser estas conversaciones, rehúsa dejarte acorralar con aquellas que implican escepticismo, cinismo, duda, temor, preocupación o chisme. El diálogo interior es contagioso. No permitas que otros contaminen tu diálogo interior con negatividad y energía tóxica. Háblate a ti mismo y a los demás acerca de las cosas que quieres experimentar.

10 | La mayoría de las personas rutinariamente se dice o se habla a sí mismas de cosas que nunca le diría a un amigo que respeta. Rehúsa aceptar cualquier pensamiento que se opone a lo que tú realmente quieres ser. Haz esta promesa: ¡Sé para ti mismo un amigo respetado y servicial!

11 | Deja el pasado en el pasado. Si llega a ser necesario hablar sobre un hábito, una tendencia o una cualidad que preferirías no tener, siempre habla de eso como si se hubiera ido hace mucho tiempo, como si fuera historia,

y no como que es un problema actual no resuelto. Usa las frases "hasta ahora," "anteriormente" o "yo solía ser" para encuadrar cualquiera autocrítica constructiva. Ten cuidado de no llevar el pasado hacia el futuro haciendo generalizaciones acerca de tu conducta anterior.

12 | Elige las palabras de los campeones. Reemplaza "Trataré de hacerlo" con "Lo haré." Reemplaza "No tuve tiempo" con "Decidí no dedicar tiempo a eso." Reemplaza "No es mi culpa" con "Acepto mi responsabilidad." Reemplaza "Me haces sentir molesto" con "Me siento molesto cuando . . ." La decisión siempre es tuya. Puedes ser una víctima indefensa o un ser humano poderoso que causa un impacto en el mundo.

13 | Ten cuidado con aquellos que injertan en ti sus experiencias pasadas, disminuyendo tus expectativas a menudo y haciendo que te prepares para lo peor. Esto es particularmente cierto con respecto a las experiencias comunes de la vida tal como los exámenes escolares, las citas, el matrimonio, el embarazo, el parto, la crianza de los hijos, las finanzas y el envejecimiento. Aprende de las experiencias de otros, pero siempre da por sentado que las experiencias serán muchísimo mejores para ti de lo que fueron para ellos. Recuerda, aquello que esperas con confianza tiende a materializarse. De manera que vigila esa especie de hipnotismo colectivo que existe en nuestra sociedad.

14 | Cada célula de nuestro cuerpo "escucha" tu pensamiento e interpreta cada pensamiento como una orden. Si quieres saber cómo era tu diálogo interior hace tres años, simplemente mírate y mira cómo es tu vida hoy. El cuerpo manifiesta lo que alberga la mente.

15 │ La puesta en práctica de unas pocas sugerencias de esta lección generará una mejora visible y cuantificable en tu vida. No te preocupes por los errores. Quítales importancia y permanece enfocado en ser mejor mañana. Recuerda, en el momento mismo en que piensas que tu diálogo interior no está funcionando es cuando más necesitas usarlo. Llena cada momento libre con un pensamiento acerca de la persona que quieres ser.

¡Estás cambiando!

Finalmente, recuerda esto: ¡Estás cambiando en este mismo momento! Nadie sigue siendo el mismo durante mucho tiempo. Estás cambiando continuamente en la dirección específica hacia la que tus pensamientos y tus metas te dirigen. Eres *lo que* eres y estás *donde* estás a causa de los pensamientos dominantes que has permitido que ocupen tu mente. Lo que te rodea no es nada más que el resultado de tus pensamientos. Hay sólo una cosa en el mundo sobre la que tienes el control completo y es tu pensamiento. Si no te impones deliberadamente direcciones positivas, tu mente y tu cuerpo continuarán actuando bajo direcciones que provienen de cualquier parte y de todas partes, así como una aspiradora que absorbe el polvo. Sobre este punto realmente no se puede argumentar. Es más fácil no hacer nada y tomar la vida tal como viene. Pero tienes una opción: Puedes ser programado por tus temores y dudas, por tus conocidos envidiosos y por tus amigos de los buenos tiempos, por la avalancha de malas noticias y titulares negativos, o puedes trazar tu propia senda y dejar que los demás la sigan. Es totalmente tu decisión.

¿Tienes la intensidad de propósito y la tenacidad necesarias como para disciplinar tu mente a fin de que esté fija en lo que quieres? Si las tienes, tu mente llegará a ser transformada con confianza y audacia. Usando la herramienta del diálogo interior positivo, puedes eliminar los patrones negativos de pensamiento y reemplazarlos con creencias y expectativas positivas. Usando el diálogo interior puedes hacer los ajustes internos que deben preceder a todos los cambios externos. Puedes obtener de la vida mucho más de lo que la mayoría de las personas buscará jamás. ¡Tú eres mentalmente fuerte! ¡Y yo sé que lo puedes hacer!

Lección 5: Preguntas para reflexionar

¿Cuáles creencias acerca de ti mismo no son útiles y podrían estar limitando tu potencial pleno?

A la luz de lo que tratas de llegar a ser, ¿de qué manera deberías mejorar tu diálogo interior?

¿Qué es lo que captura tu atención inmediatamente antes de quedarte dormido por la noche y cuando te despiertas por la mañana?

¿En qué tiendes a pensar más, cuando no estás pensando en tus metas?

¿Qué enseña la Biblia con respecto a los riesgos de una mente indisciplinada? Reflexiona en Proverbios 4:23, 27:19; Mateo 12:36-37; Romanos 12:2; 2 Corintios 10:5; Filipenses 4:8; Santiago 1:8.

¿A quién puedes influenciar con las ideas de esta lección en las próximas cuarenta y ocho horas?

LECCIÓN 5: TAREAS

1 | Haz una lista de lo que creerías acerca de ti mismo, de tu potencial y del mundo si ya hubieras alcanzado tu meta más importante.

2 | En tarjetas separadas, escribe con esmero por lo menos diez declaraciones (afirmaciones) en forma de diálogo interior para cada una de tus metas más importantes para los próximos tres años.

3 | Lee en voz alta las quince ideas prácticas de las páginas 169–173.

Elige la visualización positiva

Los resultados positivos siguen a las imágenes mentales positivas

En esta lección aprenderás a:

- Disciplinar tu mente
- Agudizar tu capacidad de concentración
- Afianzar tu compromiso con las metas
- Aumentar el deseo
- Construir creencias productivas
- Reducir el estrés
- Acelerar tu progreso

Una técnica de programación subconsciente aún más poderosa que el diálogo interior positivo es la *visualización positiva:* imaginar mentalmente acontecimientos o resultados antes de que ocurran en la realidad física. La visualización está basada en los mismos principios que el diálogo interior, pero es considerablemente más eficaz porque va directamente a la fuente: la recopilación de imágenes mentales subconscientes que ocupan tu mente. El diálogo interior provoca el desarrollo de nuevas imágenes mentales, mien-

> Visualicé a dónde quería llegar y la clase de jugador que quería ser. Sabía exactamente a dónde quería ir y me concentré en lograrlo.
> —*Michael Jordan*

tras que la visualización imprime directamente las nuevas imágenes. El diálogo interior y la visualización se complementan mutuamente. La visualización intensifica tu diálogo interior y el diálogo interior refuerza tu visualización. Ambas técnicas promueven el logro de tus metas y deberían usarse en conjunto en forma consistente.

Es importante señalar que la visualización es una habilidad que se puede aprender y dominar. Todos tienen la capacidad de visualizar. Como ocurre con todas las demás habilidades, a algunos les resulta más fácil la visualización, algo casi intuitivo, mientras otros deben practicar frecuentemente para experimentar los beneficios. Puedes demostrar tu capacidad para visualizar simplemente pensando en cuántas ventanas hay en tu sala de estar o recordando el aroma de las galletas con trozos de chocolate recién horneadas. La visualización tiene que ver no sólo con imágenes visuales sino también con escuchar, tocar, saborear, oler y sensaciones emocionales.

Se ha dicho que las imágenes que creas en tu cabeza se convierten en la realidad que sostienes en tu mano. Por eso es crucial que no permitas que tu proceso de visualización sea arbitrario. El principal objetivo de esta lección es ayudarte a pasar de las visualizaciones reactivas y al azar a visualizaciones proactivas e intencionales que corroboran a la persona en la que quieres convertirte y lo que quieres lograr.

Durante el resto de esta lección te enseñaré lo que significa exactamente la visualización y cómo funciona. Trataremos las variaciones de la visualización así como la forma de mejorar tus habilidades de visualización para ayudarte a llevar al máximo tu rendimiento en cada área de la vida.

Tu mente subconsciente es responsable de tu éxito, fracaso o mediocridad a largo plazo. Es responsable de generar y coordinar tus pensamientos, sentimientos, palabras y acciones. Esta es una buena noticia porque *tú* eres responsable de la mente subconsciente y de si está programada para el éxito. De nuevo, tú estás a cargo. Tienes todavía otra oportunidad para asumir el control de la dirección de tu vida *si* —y este es un gran *si*— estás dispuesto a ser extraordinariamente escrupuloso acerca de los pensamientos que ocupan tu mente. Si bien no siempre puedes controlar las cosas a las que estás expuesto y los pensamientos que estas exposiciones estimulan, puedes controlar las cosas en las que eliges meditar. Los pensamientos que albergas más frecuentemente son los que más impactan tu vida. Los pensamientos que se instalan en tu mente tienen la mayor influencia, no aquellos que simplemente hacen una breve visita.

Afortunadamente, tu mente subconsciente no es un amo, sino un siervo siempre listo y dispuesto. Traerá a tu vida todo lo que pidas sinceramente. El subconsciente no es discriminador. **Como tierra fértil, tu subconsciente aceptará cualquier semilla que elijas plantar.** Está tan dispuesto a ayudarte como a lastimarte. Está contento con traerte salud, enfermedad o fatiga. Le complace traerte abundancia o escasez. Tu mente funciona según las instrucciones que recibe. Estas instrucciones pueden provenir de su dueño —tú— o pueden venir de cualquier influencia a la que te expongas regularmente. Depende de ti dar a tu mente subconsciente instrucciones que produzcan una vida que te haga contagiosamente feliz y plenamente vivo.

Una instrucción para tu subconsciente puede definirse como cualquier pensamiento consciente sostenido continuamente. No son las imágenes mentales infrecuentes las que ejercen una influencia tremenda, sino las más dominantes. **Las imágenes en las que te centras consciente y repetidamente se absorben en la mente subconsciente como el agua en una esponja.** En este punto, se logra progreso o se produce daño.

¿Qué sucedería si?

¿Qué sucedería si visualizaras (cien veces) dejar de lado un postre después de haber comido sólo un bocado? ¿Piensas que serías más propenso a hacer eso en circunstancias reales?

¿Qué sucedería si visualizaras (cien veces) dar tu próxima presentación fácilmente y de manera excelente? ¿Piensas que habría un impacto positivo en tus resultados?

¿Qué sucedería si visualizaras (cien veces) el estado físico que esperas tener cuando llegues a los sesenta años? ¿Piensas que habría algún efecto en los hábitos y el estilo de vida que llevas hoy?

¿Qué sucedería si visualizaras (cien veces) levantarte fácilmente y sin esfuerzo a las cinco de la mañana sintiéndote rejuvenecido? ¿Crees que mejoraría tu eficacia en la mañana?

Los hombres y mujeres exitosos entrenan sus mentes para que piensen en lo que quieren que ocurra en sus vidas. Piensan en la clase de persona en la que quieren convertirse. Piensan en sus metas y sueños. Piensan en los principios y virtudes que más admiran. Piensan en las personas que les gustan y en las situaciones que esperan experimentar. En contraste, los poco exitosos o mediocres carecen de disciplina mental. Sus pensamientos vagan de las circunstancias que esperan evitar a las personas que no les gustan y a la amplia variedad de injusticias que parecen rodearlas. Son rápidas para considerarse a sí mismas como personas poco afortunadas e incluso más rápidas para considerar a los exitosos como personas sumamente afortunadas. Los mediocres se bañan en todas las razones por las que no pueden tener la vida que realmente quieren y, ¡quién lo iba a decir, terminan teniendo razón!

Tu mente subconsciente es incapaz de distinguir entre un acontecimiento real y uno que sólo es imaginario. Esta dinámica del cerebro humano dada por Dios te permite, a través de visualizaciones repetidas, convencer a tu mente subconsciente que una meta deseada ya ha sido lograda. Una vez que tu mente cree que algo es verdadero, ajusta automáticamente tus pensamientos, palabras, emociones y comportamientos para que sean consistentes con tu visualización. Una visualización es un subproducto de un proceso eléctrico y químico dentro del cerebro. Dado que tus imágenes visuales están compuestas por energía electromagnética que consiste en materia, son, de hecho, reales. Como resultado, tu mente y cuerpo las interpretan como realidad y responden a ellas como si realmente estuvieran ocurriendo. Por ejemplo, durante los ensayos mentales de sus eventos, los atletas olímpicos a menudo experimentan cambios fisiológicos —aumento del ritmo cardíaco, respiración, transpiración e incluso movimientos musculares involuntarios—, como si estuvieran participando en el acontecimiento real. Lo mejor de todo, según el neurocirujano y psicólogo de Stanford el Dr. Karl Pribram, es que las imágenes visuales cargadas electromagnéticamente producen un campo magnético que atrae hacia el visualizador aquellas cosas que imagina o siente vívidamente. Este fenómeno te permite atraer a tu vida las personas, recursos y circunstancias mismas necesarias para transformar tu meta en una realidad concreta.

DOS CLASES DE VISUALIZACIÓN

Tú puedes visualizar dos aspectos principales de una meta. Uno es el resultado específico mismo; el otro, el proceso o serie de pasos que debes seguir para llegar allí. Es importante practicar los dos, pero si tienes que elegir, practica la visualización de resultados. La realización de la meta real es lo que más importa, no necesariamente cómo llegas allí.

Dos clases de visualización

Resultado

Concéntrate en el momento exacto que representa el logro de tu meta.

Proceso

Anticipa mentalmente los pasos o acciones necesarios para alcanzar tus metas.

En la *visualización del resultado,* ensayas el logro de tu meta con ricos detalles sensoriales. Debes concentrarte en el momento exacto que representa el logro de la meta. La visualización del resultado te mantiene entusiasmado y motivado, especialmente durante las fallas imprevistas, demoras o desilusiones temporales. Cuanto más está tu mirada en la meta, más enfocado y determinado estarás.

En la *visualización del proceso,* anticipas mentalmente los pasos necesarios para lograr tu meta. Los atletas de primer nivel invierten tiempo no sólo en visualizar el resultado final deseado sino también en ver cómo quieren llegar allí. Cuanto más practica un atleta mentalmente, mejor se vuelve su desempeño. La mente, de hecho, entrena al cuerpo a desempeñarse tal como lo hizo en el ensayo mental. Dado que la mente es el único lugar donde puedes practicar perfectamente, te compete a ti ejercitarte allí frecuentemente. Cuanto más te veas desempeñándote eficazmente, más cómodo, confiado y relajado te sentirás durante el acontecimiento mismo y mejor te desempeñarás. Esta sensación de familiaridad genera resultados excelentes.

Los siete componentes de una visualización exitosa

Mejorar cualquiera de los siete componentes de la visualización eficaz facilitará la manifestación física de la imagen visualizada. En otras palabras, te ayudará a realizar tu meta más rápidamente.

1. Relajación. El grado de relajación que tengas cuando imaginas algo que quieres que ocurra juega un papel importante en la rapidez con la cual la imagen mental deseada queda arraigada en el subconsciente. Y tiene que estar arraigada en el subconsciente antes de que se vuelva realidad. La tensión, la ansiedad y la preocupación tienden a dificultar la concentración y a bloquear la formación de tus metas. Antes de visualizar una meta, tómate el tiempo necesario para relajarte profundamente. Es muy importante no sentirte apurado o sentir que hay alguna otra cosa valiosa que deberías estar haciendo.

2. Frecuencia. Cuanto más frecuentemente visualices tu meta, mayor será la influencia de esa meta en tu forma de pensar, hablar, sentir y actuar. Tendrás mayores probabilidades de participar en actividades que

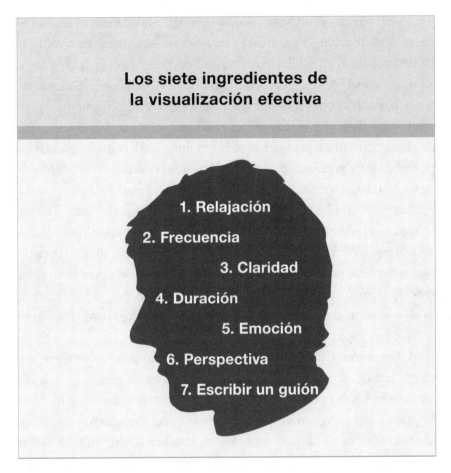

**Los siete ingredientes de
la visualización efectiva**

1. Relajación

2. Frecuencia

3. Claridad

4. Duración

5. Emoción

6. Perspectiva

7. Escribir un guión

te acercan a ella y estarás progresivamente menos inclinado a hacer cosas que frenan tu progreso. Los beneficios de cada acto de visualización se acumulan como una gigantesca bola de nieve que cobra velocidad. Cuanto más dedicado estés a anticipar continuamente tus metas en una "pantalla de video personal"—es decir, tu mente—, más rápidamente experimentarás resultados tangibles.

3. Claridad. Cuanto más claro seas acerca de cualquier meta que esperas lograr, más motivado estarás para lograrlo. Asimismo, cuando te imaginas claramente logrando tu meta, tu entusiasmo, deseo y creatividad remontan vuelo. Por ejemplo, imagínate hablando con tu cónyuge acerca de las características de tu futura casa de ensueño. Visualízate hablando sólo sobre el tamaño, el estilo, la ubicación, la cantidad de dormitorios y el precio. Si bien este es un buen comienzo, imagina la diferencia en tu entusiasmo y motivación para mudarte a la casa cuando comienzas a considerar las características especiales que te atraen individualmente y como pareja. El vecindario, el diseño del dormitorio principal, la sala de ejercicios, los pisos de madera noble, el dispensador automático de agua caliente, el gran armario en el garaje y la terraza con vista al jardín y a la piscina son todos detalles importantes que agregan vida a tu imagen. El considerar todas las posibilidades y visualizar cómo personalizarás la casa para transformarla en un hogar ayudan a completar el equivalente mental.

Agrega todos los detalles posibles a tu visualización. Hazlo gráfico, colorido y vívidamente rico. La existencia de pequeños detalles hace que tus imágenes mentales parezcan auténticas. **Cuanto más diestro te vuelvas en duplicar precisamente en tu cabeza lo que quieres ver en tu vida, más rápidamente alcanzarás tus metas.** La incapacidad de ver detalles en tu visualización es un fuerte indicio de que no estás logrando el progreso del que eres capaz.

4. Duración. Cuanto más tiempo puedas mantener una imagen precisa y clara de tu meta, tendrá más probabilidades de aparecer y más rápidamente. Cada vez que visualizas, intenta mantener la imagen un poco más tiempo que la vez anterior. Rehúsa dejar que el temor, la preocupación, las distracciones o cualquier otra clase de resistencia acorten la duración de cada acto de visualización o tu compromiso de perseverar. Todas las formas de resistencia real e imaginada comenzarán a disolverse cuanto más tiempo mantengas una imagen mental concreta de la meta que deseas. Cuanto más practiques la visualización, más fuerte se volverá tu capacidad para concentrarte. Con la práctica, podrás mantener fuera todos los pensamientos ajenos que diluyen el enfoque de tu película mental.

5. Emoción. Cuanta más intensidad emocional puedas generar al imaginar tus metas, más rápidamente se aceptarán las nuevas órdenes mentales en tu mente subconsciente. Cuando visualices, concéntrate en fabricar los sentimientos precisos que acompañarían el logro de tu meta. Luego amplifica, e incluso exagera, esos sentimientos vez tras vez hasta que se incorporen. Para producir estados emocionales positivos y contundentes, recuérdate los muchos beneficios maravillosos que

La perspectiva al visualizar

El espectador

Es como verte a ti mismo
en una película casera.

Cualquier perspectiva
se puede dominar con
paciencia y práctica.

El actor

Tú estás *en* el juego y
experimentas todas las
sensaciones pertinentes.

recibirás cuando alcances tu meta. **Celebra mentalmente por anticipado, haciendo de cuenta que tu meta ya ha sido lograda.** Empápate de los sentimientos de satisfacción, gratitud y paz interior que sentirías si realmente alcanzaras tu meta. Absorbe todas las sensaciones de la experiencia que estás imaginando.

6. Perspectiva. Esto tiene que ver con el punto de vista que asumes al visualizar. La perspectiva desde la cual se origina tu imagen mental influye sobre su fortaleza, claridad e intensidad generales. Si mientras visualizas estás mirando a través de tus propios ojos al logro de tu meta, estás plenamente asociado a tu mente. Esto significa que eres el actor. Estás mirando desde la perspectiva de un participante. Tú estás en el juego y experimentas todas las sensaciones pertinentes. Esta *perspectiva asociada* estimula tu sistema nervioso central con pasión, entusiasmo y exultación.

La otra perspectiva se llama *disociación*. Cuando tu visualización está disociada, te estás mirando a través de los ojos de un espectador. Es como verte a ti mismo en una película casera. Imagínate sentado ante un semáforo, miras al automóvil que está al lado y notas que el conductor eres tú. Este es un punto de vida disociado o distanciado. Si bien la mayoría de las personas tiene la tendencia natural de visualizar en una de las dos perspectivas, asociada o disociada, cualquiera de las perspectivas puede ser dominada con paciencia y con práctica.

La perspectiva disociada es una técnica mental útil por un par de razones: Primero, cuando la practicas, te permite verte más objetivamente; es como verte en un video para evaluar tu desempeño. A menudo, desde la distancia es más fácil detectar fallas y otras oportunidades para mejorar. Por eso los grandes atletas, oradores y artistas del espectáculo suelen analizar sus desempeños usando películas. En segundo lugar, esta perspectiva es útil para minimizar el impacto emocional de un acontecimiento, ya sea pasado o futuro, cuando se lo desee. Por ejemplo, un espectador de un partido de la Serie Mundial de Fútbol no experimenta la misma intensidad de emociones que los jugadores mismos, si bien puede estar muy involucrado.

La perspectiva asociada o plenamente involucrada debería usarse cuando quieres aumentar el entusiasmo, la motivación y la energía de tu imagen mental metiéndote en el juego, viéndolo a través de tus propios ojos.

7. Escribir un guión. Es crucial tener un guión escrito que detalle cada aspecto de tu visualización. Tu guión no necesita ser largo, pero debería contener todos los aspectos clave del acontecimiento imaginado con la mayor cantidad de detalles posible. De nuevo, los detalles aportan autenticidad a tu imaginación. **Describir tu visualización por escrito te forzará a materializar tu pensamiento.** Si hay alguna brecha en tu imagen mental, se volverá obvia al intentar traducir tu historia visual en palabras escritas. He descubierto con mis clientes de El Club del 1% que un guión de visualización a menudo brinda la herramienta tangible que alienta el uso consistente de un ejercicio que de otra forma sería nebuloso. Muy pocas personas tienen la suficiente disciplina como para crear e implementar un ejercicio de visualización regularmente sin ningún tipo de apuntador. La presencia del guión tiende a hacer que estés mucho más inclinado a practicar la visualización. Y cuanto más practiques, mejor te volverás. Un guión bueno y razonable probablemente tendrá una o dos páginas escritas a máquina a doble espacio. Deberán incluirse todos los detalles esenciales, sin ninguna palabra o frase irrelevante.

Aquí tienes algunas ideas para ayudarte a preparar tu guión de visualización:

a. Indica tu meta específica en forma de una afirmación. Aquí tienes algunos ejemplos:

¡Logro sin esfuerzo tener el valor ideal de 18 por ciento de grasa corporal!

¡Gano alegremente cien mil dólares o más este año!

¡Leo la Biblia de principio a fin para el 31 de diciembre!

¡Nos mudamos con gratitud a nuestro hogar de ensueño para el 30 de marzo!

¡Alcanzo en forma segura la cumbre del Aconcagua para el 31 de julio!

¡Logro fácilmente una A en todas las materias este semestre!

¡Llevo a mi esposa a un viaje sorpresa de fin de semana para el 30 de junio!

b. Piensa por qué alcanzar esta meta es importante para ti. ¿Cuáles son los beneficios? Incluye beneficios específicos y no específicos así como beneficios tangibles e intangibles.

c. Imagina el momento exacto en que logras esta meta o cumples con tu sueño. ¿Qué acontecimiento representaría mejor este logro? Las ideas incluyen alcanzar la cima de una montaña, tener una escapada romántica, lanzar un nuevo negocio, un bautismo, una fiesta de bodas, un nacimiento, un viaje familiar, una ceremonia de graduación, la certificación de una capacitación, una fiesta de estreno de una casa, un logro atlético, una cena de entrega de premios, una aventura o un viaje, o una reunión de negocios.

> En 1990 el actor y comediante Jim Carrey se escribió un cheque por la cantidad de diez millones de dólares. Escribió en el cheque "por servicios de actuación" y lo fechó Día de Acción de Gracias 1995. Mantuvo el cheque en su billetera, mirándolo diariamente hasta que llegó el día en que firmó un contrato por diez millones de dólares para encabezar el reparto de *The Mask 2* —casi un año antes de la fecha que había fijado.

d. Si esto estuviera ocurriendo ahora mismo, ¿cómo te sentirías? Métete en ese momento. Finge que estás allí ahora mismo. ¿Qué emociones serían las más dominantes? Tal vez pasión, contentamiento, felicidad, entusiasmo, alivio, optimismo, satisfacción o confianza.

e. ¿Quiénes están contigo, apoyándote en tu logro? Podría ser la familia, un entrenador, un socio comercial, un jefe, un asistente personal, un banquero, un inversor, un mentor o amigos.

f. ¿Qué ves a tu alrededor como evidencia de tu logro? Las ideas incluyen vistas increíbles, un coche nuevo, una piscina nueva, el altar de una iglesia, la ventana de un cajero, periodistas, un contrato firmado, planos terminados, vitrales, cámaras de televisión, fotos.

Cuando mi esposa, Kristin, decidió que estaba lista para ser madre (alrededor de seis meses antes de que comenzáramos oficialmente a tratar de concebir), encontró en un periódico la fotografía de un hombre que se parecía mucho a mí (¡aunque no tan apuesto como yo!) sosteniendo un bebé en sus brazos. Kristin puso la fotografía en el vestidor que compartimos. Día tras día, sin ninguna intención o esfuerzo, le dábamos una ojeada a la foto. ¿Funcionó? Naturalmente, los dos tuvimos que poner algo de nuestra parte, ¡pero la concepción ocurrió dentro del primer mes! Todavía les muestro la fotografía a muchos de mis clientes.

---

g. ¿Qué estás haciendo? Bailando, depositando, esforzándote, gateando, describiendo, llamando, vitoreando, brindando, saltando, abrazando, sonriendo, firmando, dando, orando.

h. Sonidos. ¿Qué escuchas? Aplausos, risas, gritos triunfales, el viento, silencio, brindis, felicitaciones, música, parloteo, susurros, olas del océano, "Te amo," "¡Estoy orgulloso de ti!"

i. Sentido del olfato. ¿Qué fragancias se destacan? Galletas con trozos de chocolate, tinta fresca, coche nuevo, aire salado, el perfume de ella, ajo, flores fragantes, la colonia de él, otros olores característicos.

j. Tacto. ¿Qué tienes en tus manos, sobre qué estás sentado, contra qué estás apoyado? Apretones de mano, abrazos, palmadas, palmeras, arena, rocas, teclado, sobre, ropa, lapiceros, anteojos elegantes, muebles cómodos.

k. Sabor. ¿Qué estás saboreando? Champaña, queso, cóctel de camarones, barra de energía, agua pura, fruta fresca, filet mignon, galletas, helado con trozos de chocolate, enjuague bucal de menta, transpiración, Gatorade.

l. ¿Qué palabras o frases capturan esta experiencia? Éxito, gozo, exultación, sí, gratitud, plenamente vivo, satisfacción, contribución.

m. ¿Cuáles de tus valores están más reflejados por lo que ves? Servicio, fe en Dios, prosperidad, relaciones, compromiso, familia, integridad, aventura, deber, riesgo, fijación de metas, mayordomía.

Todas estas ideas y preguntas te ayudarán a escribir un guión convincente para tu visualización.

Activadores visuales

Además de ensayar mentalmente tus metas, también es efectivo rodearte de representaciones visuales de esas metas. Tener estos recordatorios visuales en tu entorno es una forma de mantenerte enfocado y motivado sin esfuerzo. Mantente constantemente alerta a sitios en Internet, fotos, citas, titulares de periódicos, bocetos y otras cosas que te recuerden tus metas. Los recordatorios no tienen que encajar con tus aspiraciones exactamente; simplemente necesitan simbolizar tus metas; aunque las fotos exactas son las que mejor funcionan. Por ejemplo, si tu meta es ser delgado y musculoso alcanzando tu peso ideal, busca una foto de ti cuando eras delgado y ponla en la puerta del refrigerador. Si no puedes encontrar la foto adecuada de ti, simplemente recorta una foto de una revista de ejercicios físicos o de alguien que tiene la apariencia que estás buscando. Mantén la foto en un lugar donde la verás frecuentemente. En una situación de pérdida de peso, el refrigerador tiende a ser el lugar más eficaz. Uno de mis clientes usó un enfoque ligeramente diferente para mejorar su salud y colocó fotos de comidas gourmet saludables en su refrigerador.

Aquí tienes otros ejemplos:

Si tu meta es ganar $100.000 para el 31 de diciembre, tu dispositivo de visualización podría ser una foto de una gran pila de billetes de $100, los números de *$100.000* escritos y pintados, o simplemente una foto de algo que comprarás cuando ganes el dinero.

He alentado a muchos de mis clientes a crear y revisar regularmente estados financieros ideales que representen donde quisieran estar ubicados financieramente hablando dentro de nueve, dieciocho y treinta y seis años. Los programas de computación dedicados a la administración de fondos que hoy se consiguen hacen que esta tarea sea particularmente fácil. Trata de preparar ahora tu declaración de valor neto ideal para dentro de nueve o dieciocho años. Dale un vistazo a menudo.

Si tu meta es viajar a Nueva Zelanda, entonces tu activador visual probablemente sea fotos de Nueva Zelanda de un folleto de viajes o de una revista, junto con las fechas en que planeas estar allí.

Si tu meta es leer la Biblia de principio a fin en los próximos tres años, tu dispositivo de visualización podría ser una foto digital de ti sentado en tu estudio con tu Biblia y un reloj en el fondo que diga 5 a.m. (¡Y tal vez una gran jarra de café o té caliente!)

¡INTENTA USAR UN MAPA DE METAS!

Un mapa de metas es un gran recordatorio visual de una meta o grupo de metas que quieres lograr. Para crear tu mapa de metas, fija dibujos, fotos, bocetos, titulares u otros estimuladores visuales en una cartulina o en una cartelera. Como alternativa, si así lo prefieres, podrías preparar una versión hermosa en tu computadora personal. (Si necesitas ayuda, ¡simplemente pide ayuda a algún niño que esté cerca!) Si aún lo estás haciendo a la antigua, escribe tu meta en letras de imprenta en el centro de la cartelera, usando diferentes colores de tinta. Luego pega o abrocha fotografías alrededor de la declaración de tu meta. Las revistas, los folletos, los catálogos y los diarios son buenas fuentes para ayudarte a empezar. Algunos de los mapas de metas que he visto son muy ingeniosos y están organizados lógicamente, mientras que otros son más parecidos a un collage. Experimenta y fíjate cuál enfoque te resulta mejor. Te aliento a intercalar afirmaciones o citas con tus imágenes.

He usado una variación de un mapa de metas durante años y, como mínimo, me ha mantenido más motivado, inspirado y entusiasta. En determinado momento, tuve un mapa de metas separado (uso una cartelera) para cada área de mi vida colgado en las paredes de mi sala de ejercicios. Visualizar y hacer ejercicios es una combinación maravillosa. (De paso, cada una de las metas representadas en esos mapas de metas ha sido lograda ahora.)

Si no tienes mucho espacio para poner tu mapa de metas, entonces intenta colgarlo en la parte trasera de la puerta de tu guardarropa o deslizarlo debajo de tu cama y sacarlo cada noche para repasarlo antes de irte a dormir. Si usas la opción digital para este proyecto, tu mapa de metas podría ser transformado en tu salvapantallas. **Al inundar tu mente con un flujo constante de imágenes de éxito, desplazas tus viejas dudas, temores e inseguridades contraproducentes.**

CREA UN ÁLBUM DE RECORTES DEL FUTURO

Una variación del mapa de metas es un álbum de recortes del futuro. Cumple el mismo propósito y puede ser más privado y conveniente. Haz que tu álbum de recortes del futuro sea un anticipo de los próximos estrenos de tu vida. Llénalo de imágenes, citas, afirmaciones y cualquier recuerdo que simbolice el curso que quieres que tome tu vida. El álbum de recortes debería ser la historia visual de tu vida futura. Para comenzar, simplemente colecciona imágenes y otros ítems, como lo harías para un mapa de metas, y pégalos sobre hojas de papel o tarjetas. Luego insértalos en una carpeta de anillos. (Tal vez quieras plastificar las hojas primero.) Un álbum de fotos o un programa de fotos en tu computadora pueden cumplir el mismo propósito. ¡Prácticamente no hay límites a los diferentes métodos para armar un álbum de recortes del futuro! Simplemente sé creativo y repásalo frecuentemente, especialmente justo antes de acostarte y apenas te levantes por la mañana.

Cuantas más pistas visuales puedas colocar a tu alrededor, más frecuentemente serás estimulado a pensar en tus metas y menos te verás tentado a pensar en lo que no quieres. Además, el acto mismo de buscar las imágenes y recordatorios adecuados del éxito estimulará tu sistema de activación reticular, que a su vez te ayudará a estar más alerta a las personas y recursos necesarios para transformar tus sueños en realidad. Te aliento a elegir algunas de estas técnicas de visualización y a comprometerte a practicarlas durante los próximos treinta días. ¡Te asombrará la diferencia que hace!

Lección 6: Preguntas para reflexionar

Describe los esfuerzos que has hecho previamente para disciplinar tu mente. ¿Fueron exitosos? ¿Por qué sí o por qué no?

¿Por qué es más habitual detenerte en tu realidad actual en vez de visualizar algo mucho mejor?

En tu experiencia, ¿usas tu memoria o tu imaginación más frecuentemente? ¿Cuál podría ser más eficaz para alentarte a alcanzar tus metas?

¿Por qué los atletas y artistas de primer nivel son los principales practicantes de las técnicas de entrenamiento mental? ¿Qué podemos aprender de ellos?

¿Cuáles de tus metas son tan exigentes que te sientes obligado a practicar la visualización y el ensayo mental?

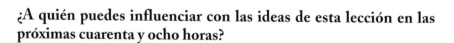

¿A quién puedes influenciar con las ideas de esta lección en las próximas cuarenta y ocho horas?

LECCIÓN 6: TAREAS

1 | Completa un guión de visualización para una de tus cinco principales metas para tres años.

2 | Invierte entre diez y quince minutos al día en leer el guión e imaginar que tu meta ya es una realidad.

3 | Colecciona recordatorios visuales (fotos, citas, bocetos, etc.) para cada una de tus principales cinco metas y colócalos donde los verás a diario.

Elige un estilo de vida de energía máxima

La desatención es un asesino silencioso.

En esta lección aprenderás a:

- Tomar decisiones que mejoren la salud

- Desarrollar una actitud mental positiva

- Controlar el estrés

- Hacer ejercicios con eficacia

- Comer para obtener la máxima energía

- Dormir para triunfar

- Relajarte y rejuvenecer

La energía ilimitada no es algo accidental. Los individuos que experimentan un flujo de energía continuo y revitalizador toman decisiones diferentes de las que toman aquellos que regularmente funcionan con un déficit de energía. Puedes aumentar tu aprovechamiento de energía y de vida si te vuelves muy sensible al estilo de vida que eliges adoptar. Recuerda, tu nivel de energía es equivalente a tu nivel de salud. Si te falta energía, te falta vida. Si se agota tu provisión de energía, cada área de tu vida se verá comprometida. Más que cualquier otro factor, la falta de energía hará que rindas menos de lo esperado y actúes en un nivel más bajo de lo esperado. Como dice Vince Lombardi, el legendario entrenador de los Green Bay Packers, "La fatiga nos convierte a todos en cobardes." Cuando estás deprimido, agotado o fuera de equilibrio, tus decisiones sufren las consecuencias. Llegas a estar más orientado hacia lo inmediato, piensas más en lo que es deseable que en tus mejores intereses a largo plazo. Actúas defensiva y reactivamente.

Dios diseñó nuestro cuerpo de una manera compleja. Cuando lo manejas sabiamente —comiendo bien, evitando las substancias perjudiciales, durmiendo lo suficiente y haciendo ejercicio con regularidad— tienes mejor salud y más energía. Pero, como lo explica el libro de Isaías, el recurso energético final es Dios. "Pero los que confían en el Señor renovarán sus fuerzas; volarán como las águilas: correrán y no se fatigarán, caminarán y no se cansarán" (Isaías 40:31).

Para obtener logros individuales, éxito y paz mental, el prerrequisito indispensable es tener niveles abundantes de energía. Afortunadamente, para llegar a ser una persona de mucha energía y grandes resultados, no es necesario depender del azar. Las causas de una energía vigorosa han sido cuidadosamente investigadas y están bien documentadas. Los altos niveles de vitalidad vienen naturalmente cuando se aplica lo que genera la energía máxima descrita en el resto de esta lección.

Siete claves para un estilo de vida de alta energía

1. ESCRIBA UNA META RELACIONADA CON EL TIEMPO QUE QUIERES VIVIR SALUDABLE Y PRODUCTIVAMENTE.

Obviamente, tu vida está en las manos de Dios. Sin embargo, tú tienes el control sobre muchas decisiones que pueden afectar significativamente tu expectativa de vida y tu salud en general. Teniendo esto en cuenta, te animo a establecer la meta de vivir por lo menos hasta los noventa años. Entonces, comienza a organizar tu estilo de vida en torno a los hábitos de salud que son consistentes con esa meta. La mejor manera de hacer esto es tomar una hoja de papel y trazar una línea por el centro, de arriba abajo. En el lado izquierdo, escribe todo lo que puedes hacer que te ayudará a vivir por

> **Todo se le puede quitar a un hombre excepto una cosa: el último bastión de la libertad humana —el elegir su actitud en cualquier tipo de circunstancia, el elegir su propio camino.**
> —*Viktor Frankl*

lo menos hasta los noventa años. En el lado derecho, escribe todos las actividades o los hábitos negativos que podrían perjudicar la posibilidad de vivir una vida larga si cedes a la tentación de practicarlos. Una vez que completes la lista, comienza a eliminar uno por uno todos los hábitos negativos relacionados con la salud y comienza a introducir o a reforzar los hábitos positivos.

2. ¡DESARROLLA UNA ACTITUD ULTRA POSITIVA!

Tu actitud es la manera en la que habitualmente piensas. A largo plazo, tu calidad de vida estará determinada por la calidad de tu actitud. Un estilo de vida con el máximo de energía requiere que elijas una actitud mental positiva. Esto no es algo que te sucede porque sí; es una decisión consciente que finalmente se convierte en un hábito. Mientras más positivo seas, más energía tendrás. **Llegas a ser positivo cuando decides con antelación que siempre elegirás la reacción más ingeniosa ante un conjunto dado de circunstancias.** Esto significa que aunque tengas la justificación para hacer lo contrario, siempre tomarás el camino principal, eligiendo actuar de manera acorde con las metas que quieres alcanzar y con la persona que quieres llegar a ser.

Los tiempos difíciles y de prueba revelan cuán positivo eres en realidad. Piensa en esto. ¿Cuál es la virtud de ser positivo cuando te va bien, cuando todas las cosas te salen bien? Tu potencial para la excelencia en los negocios, la excelencia en tu matrimonio y en tu vida familiar

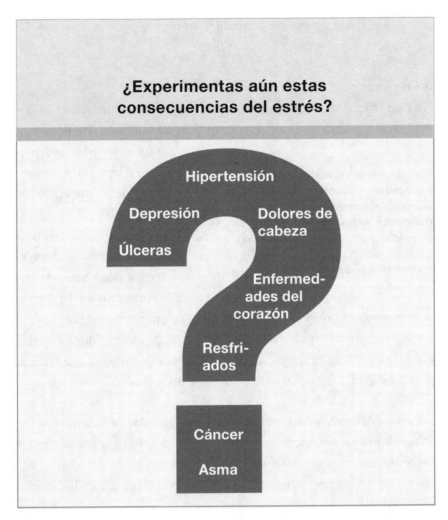

exige que tú domines el arte de permanecer U.P. (ultra positivo) incluso cuando —especialmente cuando— nadie más lo sea.

Cuando seas ultra positivo, serás más creativo, productivo, dinámico, atractivo, y lo que es más importante, más receptivo a la voluntad de Dios. Aquí van diecisiete estrategias prácticas que te ayudarán a comenzar.

a. Toma la decisión de permanecer U.P.

Nada importante sucede hasta que te prometes a ti mismo que llegarás a ser la persona más positiva que conoces. ¡Eleva tus niveles! Todo lo demás comienza con esta decisión clave de separarte de aquel 99 por ciento que culpa a otros, se lamenta, murmura y predice desastres. La vida es corta. Adopta una posición firme.

b. Comienza cada día U.P. y termínalo U.P.

Una de las maneras más sencillas para transformar tu actitud es comenzar y terminar cada día con lo que en El Club del 1% llamamos Nutrición Mental Positiva. Alimenta tu mente con ideas inspiradoras, espirituales y motivadoras durante quince minutos cada mañana al despertarte y poco antes de ir a dormir cada noche. Como

> Algunas cosas están dentro de nuestro control y algunas otras no. Sólo cuando has enfrentado esta regla fundamental y has aprendido a distinguir entre lo que puedes y no puedes controlar, puedes alcanzar la paz interna y la efectividad externa.   —*Epicteto*

se mencionó en la lección 5, durante estos dos períodos tu mente es extremadamente susceptible a la programación, de manera que asegúrate que lo que entra en tu mente sea positivo, saludable y orientado a la meta. ¡Lee, visualiza, afirma, reescribe y ora por tus metas!

c. Resume por escrito las victorias grandes o pequeñas de cada día.

Esta sola práctica puede transformar tu actitud y producir grandes saltos de confianza en ti mismo. Puedes comenzar anotando tus logros cada noche en un cuaderno, un diario o en tu computadora. ¡Qué hábito positivo!

d. Aumenta tu ejercicio físico.

Otro pilar de la vida ultra positiva es el ejercicio constante y moderado. Esto incluye aerobismo para quemar las grasas y mejorar la salud del corazón, ejercicios con pesas para tonificar, fortalecer tus músculos y elevar el metabolismo, y ejercicios de flexibilidad para sentirse relajado y ágil. Enfrenta los hechos: Cuando estás en muy buena forma y te sientes mejor contigo mismo, te sientes mejor con tu vida. Estás posicionado para vivir según tu potencial pleno. Más adelante en esta lección trataremos esto detalladamente.

e. Rompe con los cuatro grandes.

Los pensamientos negativos llevan a las emociones negativas, las que a su vez provocan más pensamientos negativos. Se entra en un círculo vicioso. Las cuatro emociones negativas principales son el temor, la preocupación, la culpa y el inculpar. Estas emociones interrumpen tu potencial e inmovilizan tus esfuerzos por llegar a ser ultra positivo. Cuando comienzas a experimentar resultados que no querías o no esperabas, es fácil asustarse y comenzar a pensar más en las pérdidas potenciales que en las ganancias potenciales. Esta mentalidad provoca preocupación, o lo que yo llamo

> [Jesús dijo,] "Por tanto os digo: No os afanéis por vuestra vida, qué habéis de comer o qué habéis de beber; ni por vuestro cuerpo, qué habéis de vestir. ¿No es la vida más que el alimento, y el cuerpo más que el vestido? Mirad las aves del cielo, que no siembran, ni siegan, ni recogen en graneros; y vuestro Padre celestial las alimenta. ¿No valéis vosotros mucho más que ellas? ¿Y quién de vosotros podrá, por mucho que se afane, añadir a su estatura un codo?" (Mateo 6:25-27, RV60)

reverso de la meta, donde uno imagina vívidamente lo que *no* quiere. Para transferir la carga de la preocupación, frecuentemente culpas a algo o alguien fuera de ti mismo. Alternativamente, es posible que exageres tu participación en los eventos negativos y te sientas culpable. Considera a las emociones negativas como mentiras del enemigo. Trata con ellas directamente, rehusando considerar los pensamientos que las promuevan. Este es un punto que merece ser reafirmado: **Invierte tu tiempo pensando en lo que quieres en lugar de pensar en lo que no quieres.**

f. Perdona a alguien diariamente, incluyéndote a ti mismo.

Guardar rencor y hostilidad contra alguien, incluyéndote a ti mismo, tiende a atraer más circunstancias que te hacen sentir mal. Practica el perdonar a alguien cada día, tanto por ofensas reales como imaginarias. Mientras mejor perdonador seas, más positivo llegarás a ser como ser humano. Si pasas por alto esto, te perdonaré.

g. Si no puedes eliminar la negatividad, ponla en cuarentena.

Cada semana, hazte de un tiempo y un lugar particulares para preocuparte (tiempo de preocupación) y para quejarte (tiempo de queja). Esto es extremadamente eficaz, porque así el resto de la semana no se diluirá con la minoría de circunstancias negativas que pueda infectar aquellos días que de otra manera serían saludables. La negatividad se debilita enormemente cuando le quitas la espontaneidad.

h. Enfócate en Dios. Él es U.P.

Oblígate a recordar todo lo verdadero que sabes acerca de Dios. Dios es omnipotente. Dios es amor. Dios es soberano. Dios siempre está con nosotros. Dios es la verdad absoluta. Dios nunca cambia, etc. ¡Pensar en Dios es bueno!

i. Programa cuatro minutos de inyecciones positivas cada dos horas.

Piensa en estas cosas como paradas para recargar combustible positivo. Revisa tus metas o tu misión. Practica la afirmación o la visualización. Ora, lee la Biblia. Revive un recuerdo positivo. Escribe una tarjeta de agradecimiento o envía un correo electrónico de reconocimiento a alguien importante.

j. Para permanecer U.P., simplifica y elimina el desorden.

La complejidad es negativa. La simplicidad es positiva. Habitación por habitación, cajón por cajón, trata de eliminar un diminuto elemento de desorden cada día durante treinta días consecutivos. A mis clientes de El Club del 1% les encanta esto, y a ti también te encantará, porque hacer una tarea, por pequeña que sea, te ayudará a sentirte más positivo. Para incentivarte a la acción, si es necesario, divide tus grandes metas en submetas y en hitos, y después desmenúzalos en fragmentos más pequeños. Negocia de nuevo los compromisos existentes o redúcelos para aliviarte un poco durante los próximos treinta días.

k. Ve a la cama una hora más temprano durante los próximos diez días.

La fatiga, especialmente la fatiga crónica, invita a la negatividad y a los pensamientos temerosos. Durante los períodos de estrés intenso o prolon-

Beneficios del ejercicio aeróbico constante

1 | Mejora el sueño

2 | Alivia el estrés

3 | Quema grasa

4 | Reduce el apetito

5 | Mejora la actitud

6 | Estabiliza el equilibrio químico

7 | Fortifica el sistema inmunológico

8 | Eleva la autoestima

gado, un poco de sueño extra ayudará a tu cerebro a seguir siendo tu aliado en la guerra contra la mediocridad. Elimina algo de lo que tengas en la agenda para la noche y ve a dormir con imágenes de victoria bailando en tu cabeza. Tu cuerpo, tu mente y tu espíritu te lo agradecerán.

l. Haz un ayuno mental de veinticuatro horas.

Llega a ser ultra positivo un día a la vez. Puedes librarte de tus pensamientos tóxicos por medio de la práctica del ayuno mental. (Asegúrate de leer mi libro *The 4:8 Principle [El Principio 4:8]* si quieres dominar esta técnica mental poco convencional pero muy poderosa). Durante tu ayuno, ¡abstente de todo lo que sea queja, crítica, excusas, chismes y preocupación! Comienza con un ayuno de una hora y gradualmente aumenta el tiempo hasta que tu mente esté disciplinada y rechace todo lo negativo durante un día entero. Enfócate en el progreso. Repítelo todas las veces que sea necesario.

m. Permanece U.P. y mira tus películas cómicas favoritas.

La risa es fabulosamente positiva. Las investigaciones indican que las personas que se ríen más realmente se divierten más. ¿Te sorprende? Piensa en tener tu propia colección de comedias en DVD. Míralas con frecuencia. Estarás más sano, más creativo y menos estresado, lo que es una gran alternativa al botiquín de medicamentos.

n. Ten preparado un plan de contraataque.

Vuélvete hipersensible a tu vida mental. Dado que puedes ser negativo sólo cuando tienes pensamientos negativos, puedes llegar a ser positivo rápidamente si tienes pensamientos positivos. Me he referido a esto antes cuando expliqué el principio de substitución. En la fracción de segundo en que notes que un pensamiento negativo está rondando tu mente, reemplázalo categóricamente con algo como "soy responsable" o "confío en Dios" o "puedo hacerlo." ¡Repítelo, repítelo, repítelo! Mantente preparado para dar una respuesta inteligente y positiva antes de enfrentar una crisis. No des lugar en tu mente a pensamientos negativos y limitantes.

o. Para permanecer U.P., ocúpate nuevamente de un antiguo pasatiempo.

Involúcrate en una actividad positiva que solía ser importante para ti pero que has dejado a un lado en tu vida debido a otras prioridades. Esto llegará a ser tanto terapéutico como rejuvenecedor. Considéralo como un regalo que te haces a ti mismo.

p. Cultiva deliberadamente la compañía ultra positiva.

Esto es obligatorio. Es casi imposible llegar a ser o permanecer U.P. cuando las personas con las que vives o trabajas piensan de manera mezquina o negativa. Nada iguala la influencia de tus relaciones habituales. Sé resuelto con respecto a las personas que están a tu alrededor. A medida que llegues a ser más positivo, atraerás más personas positivas a tu vida, y eso es bueno.

q. Ayuda a alguien a permanecer U.P.

Dona tu dinero. Dona tu tiempo. Alístate como voluntario. Simplemente sirve a alguien que sea menos afortunado que tú, o contribuye con tus talentos y dones a alguna organización respetable. Ayudar a quienes lo necesitan reduce el egocentrismo y pone tus propios desafíos en una perspectiva mucho más positiva.

La clave para permanecer U.P. es recordar que cada situación puede ser positiva cuando la ves como una oportunidad para el crecimiento y el dominio propio.

Ahora miremos el próximo método para desarrollar un estilo de vida de alta energía.

3. CONTROLA EL ESTRÉS.

Cuando sentimos que la sucesión de eventos en nuestra vida está fuera de control, experimentamos un estrés negativo. Es como estar en un automóvil que va a mucha velocidad sin un volante. Experimentamos estrés cuando no vivimos de acuerdo con lo que hemos identificado como lo más importante para nosotros. **Sobre todo, experimentamos estrés cuando reconocemos que estamos viviendo muy por debajo de nuestro potencial.**

La incapacidad para sobrellevar el estrés con eficacia ha sido vinculada con el cáncer, el asma, los dolores de cabeza, la depresión, las enfermedades cardiovasculares, el resfrío común, las úlceras, la hipertensión, la fatiga crónica y la supresión del sistema inmunológico, por nombrar sólo unas pocas condiciones. Las investigaciones indican que cerca de 80 por ciento de todas las enfermedades pueden vincularse por lo menos parcialmente con el estrés psicológico.

El estrés es una condición subjetiva. Lo que a algunos les causa estrés a otros los llena de entusiasmo y creatividad. Algunas personas crecen con los cambios, en tanto otros evitan a toda costa los cambios y el estrés que conllevan. A algunos, las cosas grandes les causan estrés, en tanto que a otros les resulta estresante la acumulación de cosas pequeñas.

Hazte esta pregunta: "¿He estado estresado cuando no tenía pensamientos estresantes?"

Puedo garantizarte que no. Sería imposible. La conclusión con respecto al estrés es esta: La manera en que interpretas tus circunstancias desencadena una reacción de estrés. El significado que das a cierto acontecimiento es lo que te estresa, no el evento mismo. Empieza a prestar más atención a la manera en que describes habitualmente a ti mismo y a los demás, los errores y situaciones desagradables. Encontrarle un ángulo positivo a una situación negativa es un gran paso para reducir el estrés al mínimo. El acto mismo de buscar algo bueno reencauza tu atención y te mantiene en un estado productivo e imaginativo.

Recuerda, la manera en que piensas acerca de algo es lo que lo hace estresante. El estrés realmente no existe, excepto al grado en que se lo permitas. Tus pensamientos crean emociones y estas a su vez moldean tu manera de pensar. Tus pensamientos, mediante los neuroquímicos, las cargas eléctricas y los miles de millones de receptores especiales, tienen influencia sobre cada célula de tu cuerpo. Esta es la razón por la cual las condiciones externas, si se las interpreta negativamente, producen cambios psicológicos dañinos en el interior.

A menos que desarrolles deliberadamente un sistema eficaz y perdurable para manejar el estrés, reducirás tu rendimiento y enfrentarás mayores riesgos de enfermedad.

Aquí hay algunos consejos que te permitirán comenzar:

- Sigue todas las claves descritas en esta lección en cuanto a cómo lograr un estilo de vida de máxima energía.

- Practica la disciplina mental. Elige aquello en lo que vas a pensar. (Repasa la lección 5).

- Haz un inventario personal del estrés. Anota todos los factores actuales que causan estrés en tu vida y también un paso que podrías dar para mitigar cada uno de ellos. Aceptar que una situación difícil es real e identificar claramente el problema principal son pasos importantes. El diagnóstico correcto es la mitad de la cura.

- Simplifica tu vida. Elimina y concéntrate. Enfócate en las pocas cosas vitales que contribuyan más a darte satisfacción en tu vida en general. Tomar demasiadas responsabilidades o abarcar demasiadas cosas inevitablemente lleva a una sensación de sobrecarga.

4. COMBINA EJERCICIOS AERÓBICOS, DE FUERZA Y DE FLEXIBILIDAD.

Si quieres niveles máximos de energía, asume la responsabilidad de ser un mini experto en ejercicios y aptitud física. Suscríbete a las revistas más serias sobre salud y ejercicios, busca en Internet los sitios que te informen sobre la aptitud física y arma tu propia librería con los últimos libros, DVDs y otros recursos relacionados con la energía y la buena salud.

Ejercicio aeróbico

El componente más importante del ejercicio eficaz es el ejercicio aeróbico. El aerobismo, o ejercicio de resistencia cardiovascular, tiene que ver con la aptitud sostenida del corazón, los pulmones y la sangre de funcionar óptimamente. Por medio de un acondicionamiento aeróbico constante, tu cuerpo mejora la forma de tomar, transportar y utilizar el oxígeno. Esto significa que tu corazón y tus pulmones serán más fuertes y podrán cumplir sus funciones con mayor eficacia. El ejercicio aeróbico adecuado hace que tu cuerpo queme las grasas, mientras que el ejercicio anaeróbico hace que el cuerpo queme glucógeno y acumule grasas. Sin saberlo, muchas personas se ejercitan anaeróbicamente cuando pretenden ejercitarse aeróbicamente. Entre otras cosas, esto da como resultado una frustrante retención de grasa. La intensidad de tu ejercicio es lo que lo hace anaeróbico o aeróbico.

El ejercicio aeróbico constante y apropiado aporta los siguientes beneficios:

- mejora la calidad del sueño

- alivia el estrés y la ansiedad

- quema el exceso de grasa

- reduce el apetito

- mejora la actitud y el humor

- estabiliza el equilibrio químico

- eleva la autoestima

Cada uno de los beneficios mencionados conduce (directa o indirectamente) a altos niveles de energía tanto mental como física.

Aquí hay algunos consejos para incrementar al máximo la calidad de tus prácticas aeróbicas:

Haz ejercicios aeróbicos de cuatro a seis veces por semana, por lo menos durante cuarenta y cinco minutos cada vez.

Usa la prueba de la conversación para asegurarte de que permaneces dentro del rango de funcionamiento del corazón al que apuntas y para obtener los mayores beneficios en cuanto a quemar grasas. La intensidad del ejercicio debería permitirte trabajar a ritmo constante y a la vez poder hablar sin respirar con dificultad. Para obtener mejores resultados, compra un monitor de frecuencia cardiaca para medir con mayor precisión tu progreso.

Emplea un ritmo tranquilo, constante y agradable. La intensidad aeróbica correcta es agotadora pero sin embargo es placentera.

En lugar de estirar tus músculos fríos antes del ejercicio, pasa de tres a cinco minutos calentándolos mediante movimientos livianos y fáciles que imiten tu actividad deportiva o aeróbica. Después haz algo de estiramiento.

También dedica unos cinco minutos para relajarte gradualmente después del entrenamiento. Nunca detengas el ejercicio repentinamente. Después del entrenamiento, sigue moviéndote progresivamente, a un ritmo más y más lento. Este período de relajación permite que el ritmo de tu corazón y de los sistemas de tu cuerpo vuelvan a su estado previo al ejercicio sin peligro alguno.

Varía tu rutina aeróbica a lo largo de la semana o por lo menos de semana en semana. Alternar entre diferentes actividades aeróbicas desarrolla una aptitud física más equilibrada y evita el aburrimiento que finalmente lo lleva a uno al sofá y al control remoto.

Bebe mucha agua antes, durante y después del ejercicio aeróbico. El agua purificada es la mejor y las investigaciones indican que el agua helada activa mejor el metabolismo, aunque el agua a temperatura ambiente ingresa más rápidamente en el tracto digestivo. Planifica con anticipación para que el agua sea accesible.

Cuando sea posible, mezcla tu trabajo aeróbico con un trabajo mental, escuchando música inspiradora o CDs de autodesarrollo o visualizando la realización de tu meta. Trata de tener pensamientos saludables, energéticos y motivadores puesto que te darán energía y complementarán tu trabajo físico. Aunque son muy tentadores, evita los canales de noticias y los periódicos mientras te ejercitas. Te animo a hacer de estos ejercicios experiencias completamente positivas.

Entrenamiento de fuerza

El siguiente componente del ejercicio eficaz es el entrenamiento de fuerza. El entrenamiento de fuerza adecuado mejora el tono muscular, el equilibrio, la coordinación y, por supuesto, la energía en general. La inclusión del entrenamiento de fuerza, o entrenamiento de resistencia progresivo en tu régimen de trabajo, te ayudará a quemar la grasa sobrante, a resistir la fatiga y a evitar lesiones molestas. También lucirás y te sentirás mejor.

Los músculos son los principales quemadores de energía en tu cuerpo, de manera que mientras más tonificados estén, más grasa quemarás en un período de veinticuatro horas. Con menos grasa, te sentirás con más energía. Y con más fuerza, desarrollarás más resistencia para trabajar y para las tareas cotidianas. Contarás con energía adicional para desarrollar otras relaciones, actividades y proyectos placenteros.

Flexibilidad

La flexibilidad es el componente más descuidado del ejercicio inteligente y se la omite muy frecuentemente. Estirarse energiza el cuerpo y la mente. Como me decía repetidamente mi instructor de Choi Kwang Do, un cuerpo flexible equivale a una mente flexible. Si se hace de manera adecuada, estirarse reduce la tensión, estimula la circulación, mejora la postura y el equilibrio, aumenta el rango de movimiento y ayuda a evitar lesiones. Además, es revitalizador. A la luz de todos estos beneficios obvios, vale la pena añadir yoga, el método Pilates o algún tipo de artes marciales a tu plan general de mejoramiento físico. Estas disciplinas aportan una flexibilidad significativa y una estabilidad esencial.

Después de estirarte, serás más activo y más productivo. Aquí hay algunas directrices para estirarte eficazmente:

Recuerda que antes de estirarte deberías hacer movimientos muy livianos que imiten tu actividad deportiva o de ejercicios. Esto aumenta el flujo de sangre a tus músculos haciéndolos flexibles y ágiles y los prepara para ser estirados.

Permanece relajado mientras practiques los ejercicios de estiramiento. Al principio exigirá un esfuerzo deliberado. Debes decirte reiteradamente que estás relajado, flexible y elástico.

Cada estiramiento debe ser hecha lentamente. Evita dar brincos. Unos pocos estiramientos que duran un minuto o dos son mucho más útiles que diez estiramientos de diez segundos cada uno.

Respira lenta, profunda y continuamente. Contener la respiración provoca tensión.

Sigue tu propio ritmo. Disfruta y no te apresures.

5. COME PARA OBTENER LA MÁXIMA ENERGÍA.

Los alimentos que eliges comer durante el día ejercen un impacto poderoso en tu nivel de energía física, mental y emocional. Afortunadamente, ¡tú tienes el control de tu nutrición! Lo que pasa por tus labios impactará tu salud y bienestar, positiva o negativamente. Como lo enseñamos en El Club del 1%, es tu responsabilidad estar al tanto de las últimas investigaciones científicas relacionadas con los alimentos que comes y su relación con tu energía, tu nivel de inmunidad y tu longevidad. No puedes depender solamente de este libro, de las recomendaciones del gobierno, de un nuevo estudio o de cualquier otra fuente única de información.

Mejorar tu filosofía nutricional y tus hábitos diarios basados en las sugerencias prácticas de esta lección, que ya han sido probadas, te permitirá dar un gran salto en tus niveles de energía hora tras hora. Esto se traducirá rápidamente en más tiempo de calidad con aquellos que amas y para los proyectos y metas que son más significativos para ti.

Aquí es digno de mencionar que después de los treinta años de edad

Pasos para la nutrición de alta energía

1 | Planea tus comidas.

2 | Ingiere alimentos con bajo contenido de grasa o sin grasa.

3 | Ingiere comidas y bocadillos equilibrados.

4 | Come diariamente siete o más porciones de frutas frescas y vegetales ricos en fibra.

5 | Limita los venenos blancos: el azúcar, la sal y la harina blanqueada.

6 | Bebe mucha agua.

5 | Suplementa tu dieta con vitaminas y minerales múltiples, naturales y de alta calidad.

es virtualmente imposible compensar una nutrición mediocre con ejercicios agresivos. En otras palabras, a medida que pasan los años, es más fácil ganar peso comiendo, a pesar de tu programa de ejercicios. Sin embargo, la buena noticia es que sólo unos pequeños cambios en tu dieta pueden hacer que tu metabolismo se despierte y experimentes un brote de vitalidad mental y física.

Aquí van algunos pasos hacia la nutrición de alta energía:

a. Dedica tiempo a la planificación de tus comidas. Si planificamos las comidas será mucho más fácil incluir aquellas opciones nutricionales inteligentes que aumentan la energía, la salud y el bienestar. La mayoría de los estadounidenses vive constantemente apurada y lo que come se basa más en la conveniencia que en la nutrición. **Planificar las comidas**

te devuelve el control. Probablemente también te ayudará a ahorrar tiempo y dinero en la tienda de comestibles y te ayudará a evitar compras compulsivas. Aprende a leer y a entender las etiquetas de los alimentos de manera que sepas realmente qué es lo que estás comprando.

b. Enfócate en una nutrición equilibrada. Lo que comes —específicamente la calidad y el equilibrio de las proteínas, las grasas y los carbohidratos que se conocen como macronutrientes— determina la bioquímica de tu cuerpo. Entonces, tu bioquímica regula el metabolismo, la energía, la inmunidad contra las enfermedades, el rendimiento y finalmente la longevidad. El factor primario para obtener una salud óptima y poder quemar las grasas es la *estabilidad del azúcar en la sangre.* La nutrición equilibrada es la clave para estabilizar el azúcar de la sangre. Simplemente necesita que incorpores cada uno de esos macronutrientes en cada comida o bocadillo.

Por ejemplo, una cena equilibrada podría incluir salmón o pollo (proteínas magras), una ensalada de espinaca mezclada con una variedad de verduras frescas (carbohidratos), con un aderezo en base a aceite de oliva (grasas esenciales). Agrégale un vaso grande de agua mineral con gas con una rodaja de limón, ¡y estás listo! Es realmente así de simple y sentirás la diferencia inmediatamente. Un almuerzo equilibrado podría incluir una hamburguesa de pavo (proteínas magras), un pequeño tazón de sopa de verduras hecha en casa más medio panecillo de trigo integral (carbohidratos) y opcionalmente una rodaja de aguacate (grasas esenciales). Un desayuno equilibrado puede incluir una tortilla de sucedáneo de huevo con tocino canadiense y queso cheddar al 2 por ciento (proteínas), una rodaja de pan de trigo integral tostado (carbohidratos) y un puñado pequeño de almendras crudas (grasas esenciales). Un refrigerio equilibrado podría ser una manzana con algunos anacardos crudos o tus nueces favoritas crudas. Otro podría consistir en varias ramas de apio untadas con manteca de almendras crudas o mantequilla de maní no hidrogenada.

Por supuesto, las opciones virtualmente no tienen fin, pero tendrás más éxito si elaboras un plan definido de comidas.

En El Club del 1% enseñamos a nuestros miembros a hacer un batido de alto rendimiento con estos ingredientes:

- aislado de proteína de suero
- fruta fresca o congelada con bajo contenido de azúcar
- una mezcla de aceite con factor omega 3 o aceite de lino

Este batido tiene un sabor fantástico y es una manera poderosa de comenzar el día o de obtener energía a media tarde.

A niveles óptimos, el azúcar en la sangre es la fuente principal de energía en tu cuerpo. Es la gasolina que da energía a tus células. Tus células y tejidos necesitan glucosa, así como tus pulmones necesitan aire. Sin ella, no podrías sobrevivir. Para que tu cuerpo funcione a pleno, el nivel de azúcar en la sangre debe mantenerse equilibrado, ni demasiado alto ni demasiado bajo. Esto es crucial. Tanto el exceso como la falta de azúcar afectan profundamente la salud, los niveles de energía y el humor. Una vez que descubres el equilibrio perfecto de proteínas magras completas, grasas esenciales y carbohidratos con bajo contenido de azúcar que tu cuerpo necesita, lograrás un máximo de energía, pérdida de grasa y una salud vibrante ¡para el resto de tu vida!

c. Ingiere comidas frecuentes y ligeras, y meriendas muy livianas. Las comidas abundantes sobrecargan tu sistema digestivo e interfieren con el proceso de absorción de los nutrientes. Las comidas abundantes, especialmente las que tienen un alto contenido de grasas saturadas, grasas trans o los alimentos refinados, hacen que te sientas letárgico después de comer y que tu rendimiento disminuya. Si estás buscando seriamente generar más energía, haz del desayuno la comida más abundante y más nutritivamente sana del día. Cuando disfrutes de un desayuno dentro de unos treinta o cuarenta y cinco minutos después de levantarte, tu cuerpo y tu cerebro funcionarán mejor y tu nivel de energía permanecerá más estable hasta la noche. Tomar un desayuno saludable también pone en marcha tu metabolismo y disminuye la probabilidad de que comas desproporcionadamente más tarde. Equilibrar los carbohidratos con alto contenido de fibra con las proteínas magras completas y las grasas saludables en el desayuno marca las pautas nutricionales para un día de primer nivel. El almuerzo debería ser un poco más liviano, pero siempre manteniendo el equilibrio de los macronutrientes correctos. La cena debería ser la más liviana de tus tres comidas principales, aunque continuando con el equilibrio de los carbohidratos, las proteínas y las grasas. La mayoría lo hace a la inversa; toman un desayuno liviano y una gran cena, lo que tiene poco sentido desde el punto de vista fisiológico o del rendimiento. Experimenta con un refrigerio a media mañana o media tarde. Aumentará tu rendimiento mental y tu resistencia física y evitarás comer de más en la cena. Si cenas temprano, un refrigerio equilibrado tarde, por la noche, te ayudará a mantener el nivel correcto de azúcar en la sangre y mejorará la calidad del sueño.

d. Intercala por lo menos siete porciones de frutas frescas y vegetales en todas las comidas, batidos y bocadillos durante el día. Las frutas y los vegetales tienen naturalmente niveles altos en vitaminas, minerales, fibra, antioxidantes y los recientemente descubiertos fitoquímicos que protegen a las células del cuerpo de posibles daños. Busca las combinaciones más coloridas de frutas y vegetales, pues los colores señalan un contenido más rico en nutrientes. Un almuerzo o una cena con una ensalada en la que abunden tus vegetales favoritos es una manera sencilla de lograr esto. También asegúrate de tener a mano muchos vegetales y frutas frescas lavados en la cocina.

e. Reduce drásticamente (o elimina) el azúcar, la sal y la harina blanca refinada. A estas tres se las conoce colectiva y merecidamente como los tres venenos blancos, porque tienen muy poco o nada de valor nutricional y contribuyen a crear una gran cantidad de problemas de salud. El cuerpo no necesita complementos de azúcar. Sin embargo, cada año el estadounidense medio consume unos 90 kilogramos de azúcar simple en forma de postres, productos horneados dulces para el desayuno, refrescos, caramelos, mermeladas, almíbar y alcohol, sólo por nombrar unos pocos. Además de dificultar el proceso del quemado de grasas, el azúcar simple —disimulado frecuentemente como jarabe de maíz, maltosa, dextrosa, dextrina, miel o melaza— reduce tu deseo de ingerir alimentos altamente nutritivos, y después de darte un pico de energía inicial desaparece, dejándote todavía más cansado y letárgico que antes. Esto se debe principalmente a un desequilibrio del azúcar en la sangre.

Siete claves para la alta energía

1 | Fija una meta con respecto a cuánto quieres vivir.

4 | Haz ejercicios eficazmente.

2 | Mantén una actitud positiva.

5 | Come para obtener energía.

3 | Controla el estrés.

6 | Duerme para el éxito.

7 | Dedica tiempo para rejuvenecer.

De la misma manera, el cuerpo humano necesita poco o nada de sal adicional. Sin embargo, muchos de los productos que están en los estantes de los supermercados tienen sal como uno de sus ingredientes elementales debido a su valor como preservante. Así mismo, muchas personas agregan cantidades excesivas de sal a sus alimentos incluso antes de haberlos probado. Al consumir solamente las sales naturales que hay en los alimentos, comenzarás a disfrutar de una amplia variedad de sabores que antes el exceso de sal neutralizaba. Además, mantendrás un saludable equilibrio de sodio y potasio, que ayudará a prevenir el cáncer, las enfermedades cardíacas, la hipertensión arterial y las apoplejías.

La harina refinada, el tercer veneno blanco, ha sido despojada virtualmente de todas sus vitaminas y de casi de toda su fibra. De hecho, está muerta nutricionalmente. Todos los productos de harina blanca, arroz blanco, pastas y galletas saladas deberían reemplazarse con su equivalente integral o arroz integral y deleitarse en ellos con moderación. Aunque muchos productos elaborados con harina blanca afirman haber sido enriquecidos con vitaminas, recuerda lo que los ha hecho blancos.

f. Bebe mucha agua. El cuerpo humano se compone de dos terceras partes de agua y esta interviene en cada una de las funciones del cuerpo. Ayuda a transportar los nutrientes hacia dentro de las células y los residuos hacia fuera de las células. El agua es necesaria para todas las funciones digestivas, absorbentes y excretorias, así como para la utilización de las vitaminas solubles en agua. El agua también nos ayuda a mantener la temperatura correcta del cuerpo. Además, el agua quita el apetito y ayuda al cuerpo a eliminar la grasa acumulada. Con frecuencia confundimos la sed con el hambre, lo que resulta en una ingesta de calorías innecesaria. Cuando sientes que tienes hambre pero piensas que no deberías sentirlo, bebe rápidamente varios vasos de agua fría. El deseo de comer desaparecerá en unos diez minutos. Beber rápidamente varios vasos grandes de agua helada también eleva fantásticamente la energía. Pruébalo y verás.

Para determinar cuánta agua pura necesitas cada día, debes hacer el siguiente cálculo:

Siete consejos prácticos para dormir mejor

1 | Levántate cada día a la misma hora.

4 | Desarrolla una rutina relajadora a la hora de acostarte.

2 | Come para lograr un sueño profundo.

5 | Elabora temprano tu lista de cosas para hacer.

3 | Reserva el dormitorio para dormir y para tener relaciones sexuales con tu cónyuge.

6 | ¡Esconde tu reloj!

7 | Identifica la temperatura más adecuada para un sueño placentero.

- Si estás en un país que utiliza el Sistema Anglosajón de Unidades, simplemente divide por dos el peso (en libras) de tu cuerpo. El cociente es (en onzas) la cantidad mínima de agua que necesitas consumir cada día. Por ejemplo, si pesas 150 libras, tu cuerpo necesita por lo menos 75 onzas de agua durante el transcurso del día.

- Si estás en un país que utiliza el Sistema Internacional de Unidades, simplemente multiplica por 0,0326 el peso (en kilogramos) de tu cuerpo. El resultado es (en litros) la cantidad mínima de agua que necesitas consumir cada día. Por ejemplo, si pesas 68 kilogramos, tu cuerpo necesita por lo menos 2,22 litros de agua durante el transcurso del día.

Si te ejercitas vigorosamente o bebes alcohol o cafeína, puede ser que necesites más agua para asegurarte de que tu cuerpo tenga lo que necesita para mantener tu salud en su punto máximo y tu energía vibrante.

g. Suplementa tu dieta con una fórmula de vitaminas y minerales múltiples, naturales y de alta calidad. Aunque sigas una dieta bien equilibrada, controles bien el estrés y hagas ejercicio con regularidad, sigue siendo una buena idea el que te protejas con un seguro nutricional proporcionado por un suplemento variado de vitaminas, minerales y antioxidantes. Asegúrate de examinar la fecha de vencimiento en la botella y de que esté vigente. Soy un fiel creyente en los suplementos de alimentos naturales y he estado usando una combinación sinérgica durante muchos años. Te animo a que aprendas todo lo que puedas acerca de las vitaminas y los suplementos alimenticios, y que comiences a trabajar con ellos en tu estrategia general para mejorar tu condición física de alta energía.

6. DUERME PARA TRIUNFAR.

Un sueño suficiente y refrescante es esencial para gozar de un estilo de vida de alta energía. Tu cuerpo necesita dormir para restaurarse y funcionar adecuadamente. Cuando duermes, sueñas, permitiendo que tu subconsciente ponga en orden los asuntos psicológicos y emocionales no resueltos. Las ondas cerebrales disminuyen de velocidad, la tensión arterial desciende, los músculos se relajan, el sistema inmunológico se estimula, los tejidos y las células que han sido dañados se reparan y la glándula pituitaria produce más hormonas. Sin dormir lo suficiente, el cuerpo está más predispuesto a funcionar mal.

La cantidad de sueño que tú necesitas depende de tu constitución única así como de tu estilo de vida. Las investigaciones indican que las personas que tratan eficazmente el estrés y las emociones negativas necesitan dormir menos que aquellos que están crónicamente estresados o preocupados. Algunas personas funcionan mejor con sólo cinco o seis horas de sueño en tanto otras pueden necesitar hasta diez horas. En término medio, el descanso más eficaz tiende a ser el de siete a ocho horas de sueño. Mejorar la calidad del sueño generalmente puede reducir la cantidad que necesitas.

Dormir mal noche tras noche, o la privación parcial del sueño, es una de las grandes causas de la falta crónica de energía. Aquí hay algunos consejos para lograr un sueño óptimo:

a. Levántate cada día a la misma hora. No duermas de más los fines de semana, por lo menos no más de una hora. Esto confunde el reloj biológico de tu cuerpo. Dormir más de lo habitual reduce la agudeza mental y la energía de la misma manera en que las reduce el desfase horario. Si reduces la cantidad de tiempo que pasas despierto, a la noche siguiente te resultará difícil conciliar el sueño.

b. Come para lograr un sueño profundo. Evita ingerir productos con cafeína durante las cuatro o cinco horas que preceden al sueño. Si bebes alcohol, hazlo no menos de tres a cuatro horas antes de ir a la cama. Si bien a algunas personas el alcohol les produce somnolencia de inmediato, realmente interfiere con los patrones de ondas cerebrales normales que regulan el sueño e impide el descanso profundo y revitalizador. Además, la comida de la noche siempre debe ser liviana. Esto evitará que tu cuerpo use demasiada energía en la digestión mientras estás tratando de conciliar un sueño profundo. Como ya fue mencionado en esta lección, si cenas temprano, considera comer por la noche algo liviano pero equilibrado. Esto promueve una mejor transición hacia el sueño profundo al prevenir el descenso del nivel de azúcar en la sangre durante la noche, lo que podría perturbar tu descanso.

c. Reserva el dormitorio para dormir y para tener relaciones sexuales con tu cónyuge. Tu dormitorio debería ser un refugio cómodo y ultra relajante, diseñado para terminar el día apaciblemente. Cuando estés en tu dormitorio, evita las discusiones fuertes, el proceso de tormenta de ideas, los bocadillos, mirar televisión, la planificación financiera o la elaboración de presupuestos y cualquier otra clase de trabajo. Este tipo de actividades promueve la excitación o la agitación y actúa en contra del buen descanso nocturno. Cuando sólo permites aquellas dos actividades en tu dormitorio, te programas para un buen sueño.

d. Desarrolla una rutina relajadora a la hora de acostarse. Debes establecer un método viable que te ayude a relajarte y a despedir el día. Aplicar técnicas de relajación, escuchar música clásica o sonidos de la naturaleza, orar, recitar afirmaciones o leer materiales inspiradores contribuye a lograr un sueño óptimo. Las investigaciones también indican que un baño o una ducha caliente o el ejercicio moderado dentro de las tres horas anteriores a la hora de irse a dormir pueden profundizar el sueño significativamente.

e. Elabora temprano tu lista de cosas para hacer, preferiblemente antes de entrar al dormitorio y varias horas antes de ir a la cama, o mientras aún estés trabajando. Nada provoca más insomnio que esperar hasta la mañana para anotar todo lo que debes hacer. Si algunas ideas te vienen a la mente después de haber apagado las luces, escríbelas en tu lista o regístralas en un grabador digital. Tratar de recordar todo lo que necesitas hacer al día siguiente sólo contribuye a debilitar tu sueño.

f. ¡Esconde el reloj! Pon tu reloj despertador donde puedas oírlo pero no verlo. Las dificultades para dormir empeoran teniendo un reloj a la vista, porque destaca lo tarde que es. Ninguno duerme bien bajo la presión del tiempo. Además, evita las alarmas estruendosas que te hacen levantar de un salto. La manera en que te levantas y lo que haces en esos primeros minutos marca las pautas de energía y rendimiento para el resto del día. Experimenta con una alarma de música positiva o de afirmación y fija el volumen lo suficientemente fuerte como para que

Siete consejos prácticos para recargar la energía mental

1 | Toma descansos de cinco minutos frecuentemente.

4 | Toma dos semanas de vacaciones cada año.

2 | Toma un día por semana para descansar.

5 | Ordena tu hogar, tu automóvil y tu oficina.

3 | Toma cuatro días de vacaciones cada noventa días.

6 | Contempla la posibilidad de recibir masajes.

7 | Vuelve a cultivar los placeres sencillos.

puedas escucharla. Decide en la noche lo que quieres que sea tu primer pensamiento al día siguiente. Haz que sea un pensamiento inspirador y repítelo mientras te quedas dormido. El primer pensamiento que tengo cada mañana al levantarme es: "Este es el día que hizo Jehová; ¡nos gozaremos y alegraremos en él!" (Salmos 118:24, RV95). Otro primer pensamiento vigorizante podría ser: "¡Creo que hoy me va a suceder algo maravilloso!" Te asombrarás cuando este pensamiento corra hacia tu conciencia cuando te levantes. Recuerda, tú eres quien está a cargo de tu actitud. No la dejes librada al azar.

g. Identifica la temperatura más adecuada para un sueño placentero. Para la mayoría de las personas, la mejor temperatura es la que va de 65 a 70 grados Fahrenheit (18 a 21 grados Celsius). Compra un colchón firme y arregla tu dormitorio para que sea muy oscuro y silencioso. Un poco de luz y algo de ruido puede deteriorar la calidad de tu sueño, aunque no llegues a despertarte por completo. Dormir sobre uno de tus costados en una posición semifetal, con una almohada firme, sirve para reducir el dar vueltas.

7. EL DESCANSO Y EL REJUVENECIMIENTO.

Además de lograr un sueño adecuado, necesitas dedicar tiempo suficiente a revitalizar tu mente. La creatividad óptima y la productividad exigen el descanso mental. Esto significa que tu cerebro, como tu cuerpo, necesita suficiente recuperación y renovación para operar a su potencial máximo. A menos que equilibres los períodos de trabajo mental intenso con períodos de no hacer nada, es muy probable que experimentes una fatiga mental crónica. Esta fatiga comienza con una sensación de que no estás logrando lo suficiente y generalmente coincide con períodos de gran estrés o de agotamiento mental y físico. Para compensar esta falta de logros, inviertes más tiempo y te empujas con más ahínco. Esto te hace sentir todavía más cansado e ineficaz, lo que te lleva a dedicar más horas aún, y así sucesivamente. La cantidad y especialmente la calidad de tus proyectos creativos decaen cuando se reducen tu enfoque y tu buen juicio. Podrías creer que realmente estás realizando un buen trabajo, pero no es nada más que una ilusión. Aparte de eso, la acumulación de fatiga y ese estado de tensión

Las diez mayores fugas de energía

10 | *Alcohol.* El alcohol es un carbohidrato extremo y contiene muchas calorías. Es también un agente depresivo, aumenta el apetito, desacelera el metabolismo y puede dañar los órganos.

9 | *Cafeína.* No te asustes, todavía puedes tomar café, siempre y cuando te limites a una taza o dos por día. La cafeína es un diurético. También estimula el páncreas para producir insulina, una hormona que regula la glucosa de la sangre. Cuando se libera mucha insulina a la vez, los niveles glucosa de la sangre se desploman rápidamente, dando por resultado antojos.

8 | *Dormir de manera irregular,* ya sea mucho o poco. Procura entre siete y nueve horas y media de buen dormir cada noche. Acuéstate y levántate cada día en horarios fijos.

7 | *Ejercicio ineficaz.* Ya sea que hagas ejercicio de manera inconsecuente o no lo hagas, no le estás dando a tu cuerpo el entrenamiento que necesita. Otros riesgos para algunas personas son hacer demasiado ejercicio y comer menos de lo que deben. Encuentra el equilibrio correcto.

6 | *Comer sólo tres veces por día.* Olvídate del viejo paradigma de las tres comidas abundantes. Comer cantidades más pequeñas cinco o seis veces por día evita los excesos, estabiliza la glucosa y pone en marcha tu metabolismo.

5 | *Omitir el desayuno.* El desayuno es la comida más estratégica del día, y omitirlo es devastador para tu energía durante el resto del día. Desde el punto de vista de la energía, no te puedes recuperar si no desayunas.

4 | *Aburrimiento.* Es lo opuesto a la pasión y puede ocurrir cuando te sientes estancado en tu carrera, tu matrimonio o tu fe. Si estás aburrido, busca un nuevo enfoque creativo.

3 | *Comer demasiado.* Las comidas copiosas sobrecargan tu sistema digestivo, robando la energía de la actividad dirigida hacia las metas. Incluso ingerir excesivamente comidas saludables causa un exceso en la producción de insulina, propicia el almacenamiento de la grasa y te hace sentir letárgico.

2 | *Deshidratación.* Tu cuerpo está compuesto por más de dos tercios de agua, y tu cerebro se compone de 85 por ciento de agua. Aunque estés deshidratado sólo 1 por ciento, tu nivel de energía descenderá.

1 | *Negatividad.* Albergar emociones enfermizas como el miedo, la ira, la preocupación y la culpa, o cualquier clase de pensamiento nocivo, drenará tu energía. Si vas a tapar alguna de estas fugas, tapa esta primero. Antes de que puedas fortalecer tu cuerpo, debes fortalecer tu mente. Cada pensamiento y sentimiento tiene una consecuencia con respecto a la energía.

Y por supuesto, fumar, lo cual es escandalosamente obvio y ofensivo para tus metas de energía.

y agotamiento tienden a volcarse sobre tu vida de familia, lo que genera más impaciencia e irritabilidad. Ninguna técnica es tan valiosa para tu creatividad, vitalidad y bienestar general como aprender a desconectarte de la compulsión a estar constantemente ocupado. Aquí se encuentran algunos consejos para relajarte y recargar tu energía mental:

a. Toma recesos de cinco minutos frecuentemente durante el día para reorientar tus pensamientos hacia algo divertido y poco exigente. Desconectarte de la actividad corriente del día por sólo unos minutos, varias veces durante el día, será sorprendentemente revitalizador. Aquí van algunas ideas:

Visualiza unas vacaciones.

Repasa versículos bíblicos.

Piensa en tu infancia.

Hojea un catálogo o un álbum de fotografías.

b. Toma semanalmente por lo menos un período de veinticuatro horas en el que no desarrollarás ninguna actividad mental intensa o relacionada con el trabajo. Las investigaciones indican que esto es más eficaz que trabajar sin parar.

c. Toma cuatro días de vacaciones cada noventa días. Detén completamente tus engranajes mentales y abstente de hacer cualquier trabajo. Recuérdate que el rejuvenecimiento no es una recompensa por el alto rendimiento, es también un prerrequisito para el mismo. ¡Despójate de la culpa!

d. Toma por lo menos dos semanas de vacaciones cada año durante las cuales no harás trabajos ni actividades mentales exigentes. Aunque realmente ames lo que hagas, es simplemente imposible relajarse y trabajar. El trabajo durante las vacaciones, por liviano que sea, perjudica el proceso de rejuvenecimiento. Siempre que sea posible, toma las dos semanas consecutivamente. Si te has estado empujando agresivamente, te podría tomar casi una semana relajarte. La segunda semana es mayormente terapéutica.

e. Ordena tu hogar, tu automóvil y tu oficina. Tener las cosas desparramadas por todo tu entorno físico aumenta tus niveles de estrés y te agobia. Poner en orden tu entorno puede mejorar tu sentido del control y tu entusiasmo por la vida. Desarrollar un proceso sistemático para simplificar y organizar tus posesiones puede resultarte refrescante y vigorizante.

f. Contempla la posibilidad de darte masajes para liberar las tensiones acumuladas y así beneficiar tu mente, tu cuerpo y tus emociones. Además de las visitas a un masajista profesional, aprende las técnicas del automasaje de manera que se convierta en un hábito semanal. Una hora es maravillosa, pero con diez a quince minutos se logran buenos resultados.

g. Vuelve a cultivar los placeres simples de la vida: La conversación, las cenas y las caminatas con la familia, la lectura en familia, la música, las estrellas, las puestas de sol, la poesía, la jardinería, las fotografías, las películas de la familia, escribir un diario y la soledad.

Piénsalo. Sin la salud, la búsqueda de tus metas puede detenerse bruscamente. Y sin suficiente energía, hasta la meta más modesta puede parecer un desafío insuperable. Sin embargo, ahora tienes muchas ideas y estrategias para aumentar tu salud y vitalidad en general. Es mi esperanza que, de todas las sugerencias de este capítulo, elijas ahora aquellas con las que te identifiques y comiences a practicarlas de inmediato. Cuando lo hagas, experimentarás un sorprendente aumento de los niveles de energía que estimulan tu mente, cuerpo y espíritu, a medida que continúes siguiendo el propósito y el plan que Dios tiene para tu vida.

Lección 7: Preguntas para reflexionar

¿Quiénes son las tres personas con mayor energía que conoces y cuáles son los hábitos que practican regularmente?

¿De qué maneras podrías ser de mayor bendición a tu familia si tuvieras cincuenta y cinco minutos adicionales de energía productiva cada día?

¿Cuáles son las excusas que tiene la mayoría de la gente para no hacer ejercicio? ¿Por qué no son válidas estas excusas?

¿Qué quiso decir Vince Lombardi cuando dijo: "La fatiga nos convierte a todos en cobardes"? ¿Qué podría significar esto para ti y para tu futuro?

¿Qué tendría que suceder contigo para que llegaras a ser la persona más culta que conozcas en el área de la salud y la nutrición?

——————— ⬯ ———————

¿A quién puedes influenciar con las ideas de esta lección en las próximas cuarenta y ocho horas?

LECCIÓN 7: TAREAS

1 | Fija una meta en cuanto al tiempo que deseas vivir saludable y productivamente (fija tu edad y el año).

2 | Haz una lista de todos los estilos de vida que son coherentes con una vida productiva y saludable hasta la edad que te has fijado.

3 | Haz una lista de todas las opciones que no son coherentes con la meta de vida que te has fijado.

4 | Escribe en una tarjeta la siguiente declaración en forma de diálogo interior: "Mis decisiones diarias me dan una salud perfecta." Pega esta tarjeta en el espejo de tu baño.

EPÍLOGO

¡El mañana se cambia hoy!

¡Felicitaciones!

Ahora que has terminado de leer *El Éxito No Es Casualidad*, te encuentras al inicio de un nuevo capítulo en tu propia vida. Armado con los principios y conceptos que has aprendido, estás listo para llevar tu vida a un nivel superior y honrar verdaderamente el potencial con el que fuiste bendecido al nacer. Aunque esta búsqueda es, sin lugar a dudas, un proyecto de toda la vida, tiene que comenzar hoy con una sola persona —*contigo*— al tomar acción sobre los conceptos que has leído. Al cambiar tus decisiones, cambiarás tu vida. Tu futuro, sin embargo, no mejorará mañana. He observado que la gente más triste del mundo es la que parece estar hablando siempre de lo que planea hacer mañana. ¡Esta forma de pensar no es para ti! Tu futuro mejora *ahora*. **¡El mañana se cambia hoy!**

En la Introducción mencioné que *El Éxito No Es Casualidad* había sido escrito para ser interiorizado. ¿Lo has logrado ya? Una vez que internalices estos conceptos, serán *tuyos*. Se convertirán en *tus* ideas. Se convertirán en tu segunda naturaleza. Se convertirán en parte de quién eres *tú*. Cuando eso ocurra, te encontrarás poniendo en práctica estos principios naturalmente. Tú eliges tener éxito y ser una bendición para otros. Tú eliges la persona que quieres llegar a ser y pones por escrito las metas que te permitirán enrumbar tu vida en esa dirección con predeterminación y propósito. Tú eliges invertir sabiamente tu tiempo para alcanzar el plan de Dios para tu vida. Tú eliges hacer lo imposible y crear pensamientos que harán inevitable el éxito en tu vida. Tú eliges visualizaciones positivas porque sabes que las ideas mentales positivas generan resultados positivos. Finalmente, tú eliges un estilo de vida de máxima energía para asegurar que cuentas con la energía necesaria para lograr tus metas. ¿Cuándo tomas estas decisiones? Tomas estas decisiones hoy. **¡El mañana se cambia hoy!**

A través de los años, he recibido cientos de cartas y de correos electrónicos de lectores de todo el mundo que han leído *El Éxito No Es Casualidad* muchísimas veces. Parece que es algo que vale la pena imitar. Estos lectores me dicen que cada vez que releen el libro encuentran nuevas y reveladoras ideas. Lo que es más importante, ellos obtienen mejoras extraordinarias y resultados en cada área de sus vidas. Estas clases de avances para los lectores de *El Éxito No Es Casualidad* están muy extendidas y también son posibles para ti. Sinceramente espero que hayas aprendido lo que querías al leer este libro. Como tu mentor, permíteme desafiarte y tomar un momento para evaluar tu comprensión y aplicación de las siete lecciones desarrolladas en *El Éxito No Es Casualidad*. Haz una rápida revisión y evalúate en una escala del 1 al 10 (10 es el puntaje más alto):

_____ **Lección 1: Elige el éxito.** ¿Comprendes la conexión entre tus decisiones y la vida que vives hoy? ¿Crees que Dios quiere que tengas éxito? ¿De qué formas ha bendecido a otros tu éxito? ¿Has puesto por escrito tu definición personal de éxito y de mediocridad?

_____ **Lección 2: Elige quién quieres llegar a ser.** ¿Has pensado en cómo podría ser diferente el mundo gracias a tu influencia? ¿Crees que Dios tenía algo específico en mente cuando te creó? ¿Tienes una declaración de misión personal escrita en tiempo presente como si ya fuera realidad hoy?

_____ **Lección 3: Elige escribir metas inspiradoras.** ¿Has apuntado 150 metas? ¿Cuáles son tus cinco metas principales en este momento? ¿Puedes explicar en forma concisa y clara a las personas importantes en tu vida por qué el establecer metas es esencial para lograr todo tu potencial? ¿Por qué se resisten tantos al establecimiento de metas?

_____ **Lección 4: Elige invertir tu tiempo sabiamente.** ¿Piensas que estás gastando o que estás invirtiendo tu tiempo? ¿Cuán frecuentemente verbalizas la frase, "No tuve tiempo"? ¿Has calculado el costo de desperdiciar sólo quince minutos cada día durante un año? ¿Mantienes un registro de cómo haces uso de tu tiempo?

_____ **Lección 5: Elige no ser un obstáculo para ti mismo.** ¿Hablas más acerca de lo que quieres o de lo que no quieres? ¿Eres consciente de "la primera regla de los hoyos"? ¿Está tu diálogo interno alineado con la persona que quieres llegar a ser la mayor parte del tiempo? ¿Qué creerías acerca de ti mismo, que aún no crees, si ya hubieras logrado tus metas más importantes?

_____ **Lección 6: Elige la visualización positiva.** ¿Has desarrollado un tema de visualización para por lo menos una de tus metas más importantes? ¿Puedes explicar por qué los resultados positivos generalmente siguen a las ideas mentales positivas? ¿Has comenzado a rodearte de imágenes visuales que te recuerden tus metas? ¿Cómo pueden ayudarte a superar las dudas, el miedo y las inseguridades las imágenes de victoria y de éxito?

_____ **Lección 7: Elige un estilo de vida de energía máxima.** ¿Cuánto tiempo quisieras vivir sana y productivamente? ¿Qué estilo de vida actual no apoya esa meta de longevidad? ¿Has desarrollado ya un sistema efectivo para lidiar con el estrés en tu vida? ¿Te has sentido estresado *sin* haber tenido pensamientos estresantes? ¿Cuáles son tus fuentes confiables de información sobre la salud y la nutrición?

¿Cuáles son tus resultados? ¿Separaste las fortalezas de las debilidades? ¿Identificaste algunas áreas que necesitan más estudio? Imagino que has aprendido mucho, quizás aún más de lo que anticipaste. Sin embargo, la realidad indica que sólo el hecho de aprender algo nuevo tiene en sí poco valor práctico. Tu vida sólo mejorará cuando decidas tomar mejores decisiones. Las cosas no mejoran por sí mismas. Las mejoras y los cambios positivos ocurrirán sólo cuando decidas pensar y actuar diferente. Tú naciste, pero no fue tu decisión. Y tampoco sabes cuándo morirás. Sin embargo, lo que hagas mientras tanto es completamente decisión tuya.

La evidencia de un plan bien pensado y puesto por escrito para cada una de tus metas indica que participas seriamente en tu propia vida y que estás determinado a lograr una diferencia entre esas dos elecciones sobre las cuales no tienes control. Con un plan bien documentado te distinguirás de las masas que esperan, desean e incluso oran por más gozo, pasión y éxito, pero no tratan de hacer algo para lograrlo. Volvamos a la lección 3, *Elige escribir metas inspiradoras.* ¿Identificaste ya las metas que son más importantes para ti?

¿Quieres fortalecer tu relación con Dios?
¡Muéstrame tu plan!

¿Quieres adelgazar y estar más saludable el próximo año?
¡Muéstrame tu plan!

¿Quieres conectarte a un nivel más profundo con tu cónyuge?
¡Muéstrame tu plan!

¿Quieres vivir una vida llena de aventura y de pasión?
¡Muéstrame tu plan!

¿Quieres eliminar el desorden y los desbarajustes en tu vida?
¡Muéstrame tu plan!

¿Quieres influenciar mejor a tus hijos?
¡Muéstrame tu plan!

¿Quieres trabajar menos y ganar más?
¡Muéstrame tu plan!

Una vida extraordinaria es el resultado de la acumulación de miles de esfuerzos, desapercibidos para otros, que llevan al logro de metas importantes. A pesar de tu situación financiera personal, recuerda que estás ricamente bendecido con la posibilidad de elegir y que tus elecciones muestran la clase de persona que realmente eres. Por sobre todo otro factor, el lugar donde te encuentras hoy es el resultado de las elecciones que has hecho. Para alcanzar las metas que nunca lograste, tienes que tomar decisiones que nunca tomaste antes. **El mañana se cambia hoy.** Considera estos ejemplos de mi práctica de consejero en El Club del 1%. He observado a numerosos clientes

- Trabajar menos y ganar mucho más
- Decidir tener un tercer o cuarto bebé
- Reconstruir y renovar relaciones familiares precarias
- Descubrir su pasión y cambiar de carrera
- Entregar su vida a Cristo
- Comprometerse de nuevo a un matrimonio y superar los problemas
- Dejar el ministerio e ingresar al mundo de los negocios
- Dejar el mundo de los negocios e ingresar al ministerio
- Encontrar y desposar a la persona de sus sueños
- Perder 10, 15, inclusive 20 kilos y mantener el nuevo peso
- Disfrutar las mejores vacaciones de su vida
- Correr maratones y triatlones
- Trepar algunos de los picos más altos del mundo

Ninguno de estos resultados es casualidad. Cada uno de estos logros es el resultado de una cosa: tomar decisiones diferentes basadas en los principios desarrollados en este libro. Estas decisiones no se hacen en el futuro. Estas decisiones se toman y se hacen ahora, en el momento presente. Y sólo tú tienes el poder para lograr que esas decisiones se acumulen y resulten el fruto de una vida emocionante de éxito y de satisfacción.

. . . ¿Qué harás?

El mañana se cambia hoy.

Empieza ahora.

Generadores de ideas

General

1 | ¿Qué deseas hacer, tener o ser?

2 | Si supieras que no podrías fallar, ¿cuál es la meta que perseguirías con todo tu corazón?

3 | ¿Cuál es tu sueño a la medida de Dios?

4 | ¿Cuál es el cambio más significativo que quisieras crear en tu vida?

5 | ¿A quién te gustaría conocer y compartir un almuerzo?

6 | ¿Cómo incrementarás significativamente tu servicio y contribución a otros?

7 | ¿Qué has escrito en tu lista de "Antes de Morir"?

Espiritual

1 | ¿Cuáles son tus disciplinas espirituales ahora? ¿Cuáles deberían ser?

2 | ¿Te gustaría leer toda la Biblia?

3 | ¿Te gustaría enseñar la escuela dominical?

4 | ¿Estás viviendo la vida que Dios te ha dado?

5 | ¿Quién te pide cuentas de tu vida espiritual?

6 | ¿Qué se interpone entre ti y una mejor relación con Dios?

7 | ¿Qué tendría que suceder para que disfrutes de la paz interna?

Físico

1 | ¿Cómo podrías ser mejor mayordomo de tu cuerpo?

2 | ¿Qué alimentos generan más energía para lograr tus metas?

3 | ¿Cómo puedes cuidar mejor tu cerebro?

4 | ¿Cuántas horas de energía física, mental y emocional necesitas para cada día?

5 | ¿En qué condición física te gustaría estar a los 75 años?

6 | ¿Cuáles son tus ejercicios físicos favoritos?

7 | ¿Te gustaría tener tu salón de ejercicios en casa?

Matrimonial

1 | ¿Cuál es la meta de tu matrimonio?

2 | ¿Cuáles libros o programas de audio podrían añadir a tu sabiduría acerca de las relaciones?

3 | ¿Cómo podrías reducir o eliminar el estrés en la vida de tu cónyuge?

4 | ¿Cuáles son los puntos fuertes de tu matrimonio? ¿Los puntos débiles?

5 | ¿Qué experiencia romántica podrían disfrutar juntos en el año venidero?

6 | ¿Cuál es la cosa menos convencional que podrías hacer para llevar a tu matrimonio al próximo nivel?

7 | ¿Cuáles son los hábitos más productivos que tienen como pareja?

Los hijos

1 | ¿Cuál es la meta de la crianza de tus hijos?

2 | ¿Quién, aparte de ti y de tu esposa, influye sobre tus hijos en forma regular? ¿Estás de acuerdo?

3 | ¿Qué hábitos te gustaría inculcar en tus hijos para cuando lleguen a ser adultos?

4 | ¿Cómo podrías establecer una mejor relación con cada uno de tus hijos?

5 | ¿Qué cualidades son esenciales para una familia exitosa?

6 | ¿Cómo es la cultura de tu familia hoy? ¿Cómo debería ser?

7 | ¿Qué aprenden tus hijos de ti acerca de Dios?

Financiero

1 | ¿Sabes todo lo necesario para manejar bien tu dinero?

2 | ¿Cuánto quisieras tener ahorrado para cuando tengas 50? ¿60? ¿70? ¿80?

3 | ¿Cuánto dinero necesitas para disfrutar de tu estilo de vida soñado?

4 | ¿Cuánto dinero te gustaría donar a lo largo de tu vida?

5 | ¿Qué organizaciones te gustaría apoyar financieramente?

6 | ¿Qué temores, preocupaciones o inseguridades tienes acerca de la riqueza?

7 | ¿Qué les estás enseñando a tus hijos acerca del dinero?

Profesional

1 | ¿Qué impacto quieres tener en tu profesión y cómo lo puedes determinar?

2 | ¿Qué necesitas aprender para ascender en tu campo profesional?

3 | ¿Quién es tu mentor en tu carrera de negocios?

4 | ¿Qué otro tipo de oportunidades profesionales te gustaría explorar?

5 | ¿Te gustaría empezar tu propio negocio?

6 | ¿Cómo podrías generar una fuente de ingresos de alguno de tus pasatiempos?

7 | ¿Estás mayormente interesado en seguridad o en oportunidad?

Desarrollo personal

1 | ¿Qué tanto de tu ingreso anual destinas a tu desarrollo personal y profesional?

2 | ¿Cuáles son los próximos doce libros que tienes planeado leer?

3 | ¿En qué cursos o seminarios te has matriculado?

4 | ¿Cómo puedes hacer uso del tiempo en tu auto para aprender y mantenerte inspirado?

5 | ¿Qué tipo de clases te gustaría tomar? (cocina, computación, vuelo, buceo, guitarra, artes marciales, baile, parapente, etc.)

6 | ¿Cuál es el último hábito positivo que has desarrollado?

7 | ¿Te reúnes con un grupo de discusión y apoyo cada semana o mes?

Diversión

1 | ¿Cómo podrías divertirte más con la gente importante en tu vida?

2 | ¿Qué comodidades te gustaría tener alrededor de tu hogar?

3 | ¿Qué cambios te gustaría ver en tu guardarropa?

4 | ¿Qué nueva tecnología podría simplificar las tareas de tu hogar?

5 | ¿Cuál es el auto de tus sueños?

6 | ¿Qué tarea del hogar te gustaría delegar?

7 | ¿Cómo gastarías un bono de $50.000 en veinticuatro horas si tuvieras que gastarlo en ti mismo?

Viajes

1 | ¿Cuáles son los cinco lugares que te gustaría visitar durante tu vida?

2 | ¿Cómo son las vacaciones que sueñas con tu cónyuge?

3 | ¿Cuál sería la vacación ideal con tu familia?

4 | ¿Qué culturas te gustaría conocer?

5 | ¿Cómo podrías transformar tus próximas vacaciones en un recuerdo inolvidable?

6 | ¿En qué hoteles conocidos te gustaría hospedarte?

7 | ¿Qué formas de viaje te gustaría experimentar?

Relaciones

1 | ¿Qué tan firme es tu relación con Dios ahora?

2 | ¿Cuál es tu propósito al seleccionar tus amistades?

3 | ¿Con quién compartes la mayor parte de tu tiempo libre?

4 | ¿Cuáles son tus cualidades como amigo? ¿Cómo puedes desarrollarlas más?

5 | ¿Cuál de tus amistades ejerce la influencia más positiva sobre ti?

6 | Describe a tu compañero ideal. ¿Cómo necesitas cambiar para atraer a tu compañero ideal?

7 | En vista de tus metas a largo plazo, ¿con quién deberías compartir más tiempo?

Aventuras

1 | ¿Qué harías con tres semanas extra de vacaciones cada año?

2 | ¿Cómo podrías dejar tu zona de comodidad y sentirte realmente vivo?

3 | ¿Qué montañas te gustaría trepar?

4 | ¿Te gustaría viajar en submarino o volar en un globo aerostático?

5 | ¿Qué sitios te gustaría fotografiar?

6 | ¿Qué aventuras te gustaría compartir con tu cónyuge? ¿Con tus hijos?

7 | ¿Qué temores podrías enfrentar y superar en el próximo año?

NOTAS

Lección 1: Elige el éxito

1. Ralph Waldo Emerson, "Prudence [Prudencia]," en *Essays [Ensayos]* (1841)
2. Orel Hershiser con Jerry B. Jenkins, *Out of the Blue [De la Nada]* (Brentwood, Tenn.: Wolgemuth & Hyatt, 1989), 65.
3. Orel Hershiser con Robert Wolgemuth, *Between the Lines: Nine Principles to Live By [Entre Líneas: Nueve Principos para la Vida]* (New York: Warner Books, 2001), 6.
4. Ibid., 57.
5. Ibid., 123.
6. David L. Chancey, "Why Do We Keep Daddy Around [Por Qué Mantenemos a Papá con Nosotros]," *The Citizen [El Ciudadano]*, http://www.thecitizen.com/archive/main/archive-000618/fp-06.html, 18 de junio, 2000.
7. Hershiser, *Out of the Blue,* 3.

Lección 2: Elige quién quieres llegar a ser

1. James Allen, *As a Man Thinketh* (New York: Putnam, 1987), 13. Publicado en español en 1997 como *Como un Hombre Piensa, Así Es Su Vida* por Ediciones Obelisco.

Lección 3: Elige escribir metas inspiradoras

1. "Georgia Biographies: David Perno, Baseball Head Coach [Biografías de Georgia: David Perno, Entrenador Principal de Béisbol]," http://www.georgiadogs.com/ViewArticle.dbml?SPSID=46824&SPID=3589&DB_OEM_ID=8800&ATCLID=324031&Q_SEASON=2006, 21 de diciembre, 2006.
2. David Perno, entrevista con el autor, 30 de enero, 2003.
3. Ibid.
4. "Ron Polk—Head Baseball Coach [Ron Polk —Entrenador Principal de Béisbol]," http://www.mstateathletics.com/index.php?s=&url_channel_id=15&url_subchannel_id=&url_article_id=5279&change_well_id=2, 21 de diciembre, 2006.

5. Ibid.

6. Perno, entrevista con el autor.

7. Ibid.

8. Denis Waitley, *Seeds of Greatness: The Ten Best-Kept Secrets of Total Success [Semillas de la Grandeza: Los Diez Secretos Mejores Guardados del Éxito Total]* (New York: Pocket, 1983), 144.

Lección 5: Elige no ser un obstáculo para ti mismo

1. "About Scott Adams: Biography of Scott Adams 2 [Acerca de Scott Adams: Biografía de Scott Adams 2]," Dilbert.com, http://www.dilbert.com/comics/dilbert/news_and_history/html/biography2.html, 16 de enero, 2003.

2. Scott Adams, *The Dilbert Future: Thriving on Stupidity in the Twenty-first Century* (New York: HarperBusiness, 1997), 246. Publicado en español en 1999 como *El Futuro de Dilbert: Cómo Prosperar en el Siglo XXI Gracias a la Estupidez* por Ediciones Granica.

3. Andrew Shalit, "A Kind Word [Una Palabra Amable]," *Chicken Soup for the Soul at Work: 101 Stories of Courage, Compassion, and Creativity in the Workplace [Sopa de Pollo para el Alma en el Trabajo: 101 Historias de Coraje, Compasión y Creatividad en el Negocio]* (Deerfield Beach, Fla.: Health Communications, 1996), 58.

4. Adams, *Dilbert Future*, 249.

5. Henrietta Anne Klauser, "There's a Very Simple Way to Achieve Your Goals . . . Just Write Them Out [Hay una Manera Muy Sencilla de Alcanzar Tus Metas . . . Escríbelas]," *Bottom Line [El Saldo Final]*, 1 de junio, 2000, 13.

ACERCA DEL AUTOR

Tommy Newberry es el fundador y entrenador principal de El Club del 1%, una organización dedicada a ayudar a empresarios y a sus familias a realizar su potencial máximo. Como pionero en el campo de la superación personal desde 1991, Tommy ha preparado a líderes de negocios en más de treinta industrias para trabajar menos, ganar más y gozar de mayor satisfacción con los logros apropiados.

Tommy es el autor de *The 4:8 Principle [El Principio 4:8], 366 Days of Wisdom & Inspiration [366 Días de Sabiduría e Inspiración]* y de numerosos programas de audio, incluyendo la serie exitosa Success Is Not an Accident: Secrets of the Top 1% [El Éxito No Es Casualidad: Los Secretos del 1% Superior]. Conocido por su estilo franco, altamente práctico y directo, Tommy ha ganado el título de Entrenador del Éxito de Norteamérica. Su pasión por el desarrollo de la persona entera es claramente evidente en sus talleres en vivo, conferencias, libros y cursos en audio. El Retiro para Planificación de Parejas en el que Tommy implementa anualmente herramientas de planificación de primera clase para la vida familiar permite a los esposos y a sus esposas diseñar juntos una vida más equilibrada, sencilla y enriquecedora.

Como ávido establecedor de metas, Tommy ha sido certificado como técnico médico de emergencia y buzo de rescate PADI, así como cinturón negro del arte marcial coreano Choi Kwang Do. Vive en Atlanta con su esposa, Kristin, y sus tres hijos. Para contactar a Tommy, por favor visite www.tommynewberry.com.